Sur l'auteur

Jørn Riel est né en 1931 au Danemark. En 1950, il s'engage dans les expéditions du Dr Lauge Koch pour le nord-est du Groenland et y reste seize ans. Il en rapporte une bonne vingtaine d'ouvrages parmi lesquels la série des « Racontars arctiques », et des trilogies : *La Maison de mes pères* et *Le Chant pour celui qui désire vivre*. Après un détour chez les Papous dans *La Faille*, Jørn Riel est revenu au Groenland avec *Le Canon de Lasselille*, *La Circulaire* et une nouvelle trilogie, *Le Garçon qui voulait devenir un être humain*. Jørn Riel a reçu le Grand Prix de l'Académie danoise en 2010. Il vit aujourd'hui en Malaisie.

Du même auteur
aux Éditions 10/18

LE JOUR AVANT LE LENDEMAIN, n° 3456
▶ LE GARÇON QUI VOULAIT DEVENIR UN ÊTRE HUMAIN, n° 4766
UNE VIE DE RACONTARS, n° 4847

« Les Racontars arctiques »

LA VIERGE FROIDE et autres racontars, n° 2861
UN SAFARI ARCTIQUE, n° 2906
UN GROS BOBARD et autres racontars, n° 3368
LA CIRCULAIRE et autres racontars, n° 4093
LE NAUFRAGE et autres racontars, n° 4572

Trilogie « La Maison de mes pères »

UN RÉCIT QUI DONNE UN BEAU VISAGE, tome I, n° 3159
LE PIÈGE À RENARDS DU SEIGNEUR, tome II, n° 3204
LA FÊTE DU PREMIER DE TOUT, tome III, n° 3247

Trilogie « Le Chant pour celui qui désire vivre »

HEQ, tome I, n° 3279
ARLUK, tome II, n° 3314
SORÉ, tome III, n° 3347

Éditions intégrales

DES RACONTARS ARCTIQUES
LE CHANT POUR CELUI QUI DÉSIRE VIVRE

JØRN RIEL

LE GARCON QUI VOULAIT DEVENIR UN ÊTRE HUMAIN

Livre 1 – Le Naufrage
Livre 2 – Leiv, Narua et Apuluk
Livre 3 – . . . et Solvi

Traduit du danois
par Susanne Juul et Bernard Saint Bonnet

10/18

GAÏA ÉDITIONS

Le Naufrage
Titre original :
Drengen som ville være menneske

Leiv, Narua et Apuluk
Titre original :
Leiv, Narua og Apuluk

... et Sølvi
Titre original :
Videre mod nord

ISBN : 978-2-264-05905-5

LIVRE 1
LE NAUFRAGE

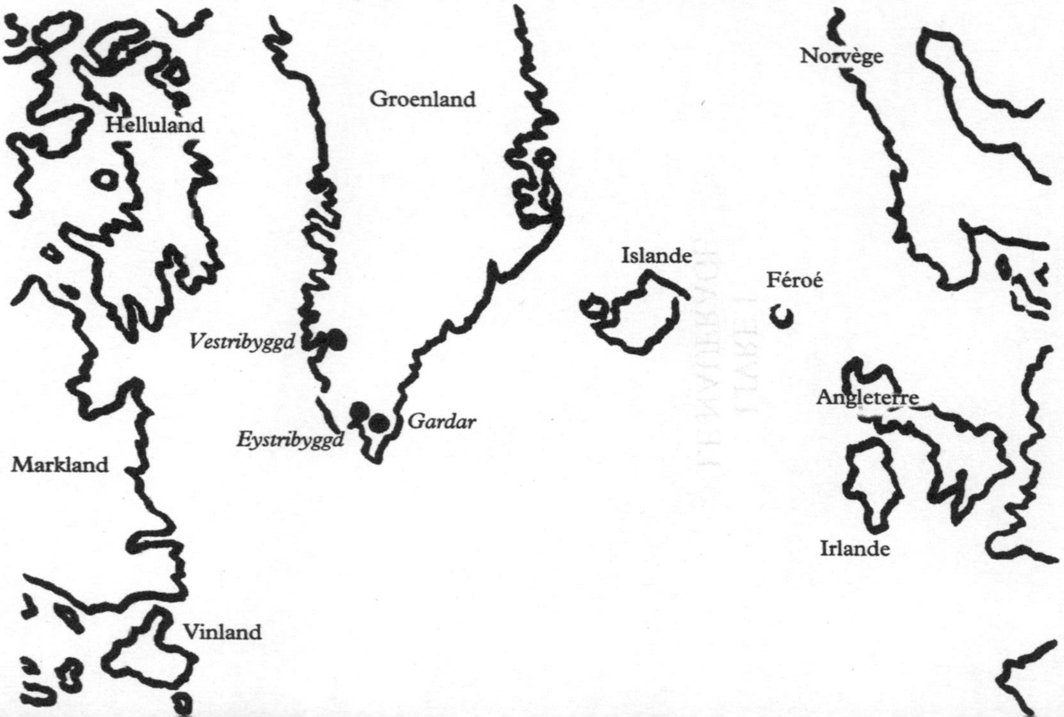

Helluland
Groenland
Norvège
Islande
Féroé
Vestribyggd
Eystribyggd
Gardar
Markland
Angleterre
Irlande
Vinland

Un meurtre en Islande

... où Leiv, le facétieux, le farceur, la vraie petite peste de la ferme, cesse de rire et mûrit tout à coup...

Leiv Steinursson était en train de rire aux éclats au moment où son père fut assassiné. Et cela n'avait rien d'étrange. Parce qu'à l'instant même de l'assassinat, l'oncle de Leiv, Helge, trébuchait sur une corde que Leiv avait tendue entre le puits et la porte de l'étable et s'étalait la tête la première, en plein dans une bouse de vache encore fumante.

Le rire de Leiv résonnait entre les bâtiments de la ferme, et il fonça sur le toit herbeux de la bergerie où il savait que son oncle ne pourrait pas l'attraper.

Mais le soir venu, quand les valets de Steinur, le père de Leiv, apportèrent la nouvelle de son assassinat, Leiv cessa de rire. Il se mordit les lèvres jusqu'au sang pour ne pas pleurer, contrairement à ses petits frères et sœurs qui eux pleuraient à chaudes larmes. Il alla se réfugier contre son cheval, Gule, d'abord pour se faire le serment de tuer Thorstein, l'assassin, afin de venger son père, ensuite pour pleurer toutes les larmes de son corps, à en détremper la crinière de Gule.

Pendant des mois, Leiv ne fit aucune mention de son père. Lui, dont les bêtises en avaient jusqu'à présent fait la peste de la ferme, devint bizarrement calme et docile. Sa mère s'en inquiéta, et parla souvent avec l'oncle Helge du changement de comportement de Leiv. Et Helge promit d'emmener le garçon faire un voyage en Norvège l'été suivant.

Mais les choses ne devaient pas se passer ainsi. Quand Thorstein de Stockanæs, lors du *thing*, l'assemblée des hommes libres, fut condamné à trois ans de bannissement hors d'Islande, Leiv disparut de la ferme.

Thorstein Gunnarsson avait décidé de passer ses trois ans d'exil au Groenland. Il arma trois petits drakkars, embarqua hommes et bêtes et largua les amarres de Gunnarsnæs tôt un matin de juillet. À bord du drakkar de Thorstein se trouvait aussi Leiv. Il s'était caché au milieu des moutons, et c'est seulement une fois les bateaux en pleine mer que Leiv se manifesta en disant qui il était et en défiant Thorstein au combat.

Les hommes de Thorstein, de grands gaillards islandais, toujours partants pour une bonne bagarre, hurlaient de rire devant cette ablette du clan de Steinur qui prétendait affronter Thorstein. Ils regardaient, pliés en deux, le garçon qui, menton en avant, frémissait d'impatience d'en découdre avec ce géant de Thorstein Gunnarsson.

Thorstein leur jeta un regard agacé, et les rires se figèrent sur leurs grosses trognes rougeaudes. Puis Thorstein se tourna vers Leiv.

« Tu es courageux, dit-il, et j'aime bien me battre avec des hommes courageux. Mais je ne peux pas relever ton défi. La paix règne désormais entre nos deux familles, et cela doit continuer ainsi. »

Leiv leva l'épée que son oncle Helge lui avait offerte et qu'il avait baptisée « Fend-la-pierre ».

« Tu as tué mon père, et c'est pourquoi je dois te tuer », dit-il.

« J'ai tué ton père, oui. » Thorstein hocha la tête. « Mais ton père avait tué mon frère et deux de ses valets. Il fallait bien que je me venge. Et maintenant, je paye ce meurtre en m'exilant pour trois ans. »

« Mais il faut quand même que je t'assassine », répondit Leiv.

Thorstein posa la main sur son épée. « Ça m'a l'air raisonnable, dit-il, mais je pense que tu devrais attendre quelques années. Jusqu'au jour où tes bras seront devenus aussi longs que les miens. »

Leiv agrippa le pommeau de « Fend-la-pierre » de ses deux mains et la brandit au-dessus de sa tête. Un des hommes de Thorstein se précipita pour en saisir la lame. Leiv fit rapidement glisser l'épée, dont le fil lacéra les doigts de l'homme.

D'un hurlement, Thorstein arrêta ses hommes au moment où ceux-ci s'apprêtaient à se ruer sur Leiv.

« Laissez-le ! cria-t-il. Il n'a fait que ce que chacun d'entre nous aurait fait. » Puis, s'adressant à Leiv : « Pourquoi t'es-tu glissé à bord de mon bateau ? »

« Parce que je savais que tu ne pourrais pas me fuir une fois que nous serions en mer », répondit Leiv.

Les hommes se remirent à rire. L'idée que Thorstein Gunnarsson puisse fuir Leiv était du plus haut comique. Même Thorstein eut un sourire en coin.

« Oui, pas idiot, ça. Ici je ne peux pas fuir, tu as raison. Et je ne vois pas d'autres solutions que de te garder à bord. Comme ça tu m'auras toujours sous la main. Et quand tes bras seront devenus aussi longs que les miens, on pourra toujours résoudre notre petit différend. Qu'en penses-tu ? »

Leiv réfléchit longuement. « Combien de temps faut-il compter ? »

« En ce qui concerne tes bras, il faudra encore attendre quelques années. Mais en ce qui concerne notre différend, je pense que ce sera vite réglé. » Thorstein fit un clin d'œil à Leiv.

Leiv prit encore le temps de réfléchir avant de répondre. Bien sûr, il aurait préféré trucider Thorstein sur-le-champ. Ainsi, l'affaire serait réglée et il pourrait retourner chez lui et aider sa mère et l'oncle Helge. Mais d'un autre côté, il aurait peut-être un peu de mal face à ce géant. La tête de Thorstein était solidement vissée, très haut, à un cou qui tenait beaucoup d'un tronc de chêne. Il fallait sûrement une paire de bras très longs et très puissants pour arriver à bout de Thorstein.

« Bon, d'accord », murmura-t-il enfin. Il rengaina son épée.

Thorstein lui tendit la main et Leiv la serra. Un marché était maintenant conclu entre eux, un marché que ni l'un ni l'autre ne pouvait rompre. Thorstein lâcha sa main et posa un bras autour de ses épaules.

« Tu peux aider les hommes sur le pont, dit-il, comme ça t'en profiteras pour faire un bon apprentissage de la mer. »

Leiv hocha la tête. Il leva les yeux et croisa le regard de Thorstein, un regard très bleu, très doux, bordé de nombreuses rides bienveillantes. « Dommage, pensa-t-il, que Thorstein ait été obligé de tuer mon père et que moi je doive à mon tour le tuer. Mais c'est comme ça qu'on fait chez nous, et je n'y peux rien. »

Narua et Apuluk

... où l'on fait la connaissance de deux enfants inuit, un garçon qui promet d'être bon chasseur, et une fille heureuse d'avoir été épargnée par la famine.
Où l'on apprend aussi que Shinka, leur grand-père, est un fameux conteur...

Elle s'appelait Narua, ce qui veut dire Mouette. Elle n'avait que onze ans et avait toujours eu le rire plus facile que les pleurs. Narua avait deux frères, un petit qui passait encore le plus clair de son temps dans le capuchon de sa mère, et un grand de douze ans qui s'appelait Apuluk.

Il y avait beaucoup d'autres enfants dans l'habitat parce que le groupe était grand, et parce qu'on n'avait pas connu de périodes de famine depuis de nombreuses années. Quand on traversait des périodes de famine, racontait le grand-père paternel de Narua, on avait coutume d'abandonner aux loups et aux renards les nouveau-nés de sexe féminin. On pouvait plus facilement se passer des filles que des garçons qui, eux, grandiraient pour un jour devenir chasseurs.

Narua était heureuse de ne pas avoir été abandonnée aux loups et aux renards. Parce qu'elle aimait la vie. Elle partageait son temps entre les tâches domestiques pour aider sa mère et le jeu. Avant tout, elle aimait jouer avec Apuluk. Mais Apuluk n'avait pas toujours le temps de jouer avec sa petite sœur. Il était maintenant assez grand pour partir de temps en temps à la chasse avec les hommes. À onze ans, il avait attrapé son premier phoque tout seul, et c'était un signe qui ne trompait pas : il serait bientôt adulte.

Ni Narua ni Apuluk ne savaient qu'ils habitaient la plus grande île du monde. Comme tous les eskimos ils se nommaient eux-mêmes « Inuit », ce qui veut dire Êtres Humains, Hommes, et c'est pourquoi leur pays s'appelait Inuit Nunat, le Pays des Hommes.

Que leur pays fût infiniment grand, ça, ils le savaient. Parce qu'ils étaient toujours en voyage. Les Inuit étaient des nomades, ils se déplaçaient de lieu en lieu sans avoir d'habitation fixe. Ils construisaient des maisons de pierre et de tourbe dans lesquelles ils hibernaient. De grandes maisons chaleureuses qui abritaient chacune plusieurs familles.

En voyage pendant l'hiver, ils se construisaient des igloos, tout ronds, en neige glacée, assez solides pour que l'on puisse passer par-dessus avec un traîneau lourdement chargé. Et l'été, les Inuit s'installaient sous des tentes en peau de phoque.

Le grand-père paternel de Narua et Apuluk s'appelait Shinka. C'était un grand conteur du fait qu'il avait une mémoire bien meilleure que le commun des mortels. L'hiver, quand il faisait nuit pratiquement vingt-quatre heures sur vingt-quatre, il était parfois difficile de passer le temps. Alors, Shinka se mettait à conter des histoires. L'histoire de l'homme de la lune, Kilaq, et de la bête Kilivpak qui était plus grande qu'un ours et qui avait une drôle de particularité : quand on l'avait attrapée et qu'on avait mangé sa viande, une chair nouvelle poussait sur les os rongés.

Shinka connaissait quantité d'histoires incroyables, et ne racontait jamais la même deux fois, à moins qu'on ne le lui demande. Il tenait toutes ces histoires de son père, qui lui-même les tenait du sien, et les enfants comprenaient qu'elles étaient aussi vieilles que le peuple inuit.

Quand Shinka parlait des gigantesques habitants de l'intérieur du pays, qui étaient deux fois plus grands que des gens ordinaires et qui faisaient cuire dans de grosses marmites les Inuit qu'ils avaient attrapés, les enfants frissonnaient.

Et ils avaient toujours un peu peur de pénétrer trop loin dans les vallées pour leur cueillette de baies. Ils préféraient se tenir à bonne distance de la grande glace éternelle, l'inlandsis, qui s'élevait comme l'échine d'un géant derrière les montagnes de l'avant-pays.

Quand Shinka racontait quelque chose de particulièrement effrayant, les enfants se cachaient derrière leur père en posant leur front contre son dos. Alors, ils se sentaient en sécurité, parce que rien n'est aussi fort et invincible qu'un père.

Les enfants étaient toujours en voyage avec leur famille. Et ils aimaient voyager. Peut-être simplement parce qu'ils n'avaient jamais vécu autrement. Le voyage représentait une sorte de sécurité pour eux, comme c'est pour nous rassurant d'avoir une maison. Ils se déplaçaient de lieu en lieu, de fjord en fjord, et ainsi le voyage devenait leur foyer. La sécurité, ils la trouvaient auprès de leurs père et mère, de leurs frères et sœurs et de tous leurs autres parents. Ils dormaient ensemble, mangeaient ensemble et étaient, tout le temps, ensemble.

Les enfants n'avaient aucune notion du temps. Ils dormaient quand ils étaient fatigués, jouaient souvent dehors en pleine nuit, mangeaient quand ils avaient faim, et travaillaient quand ils en avaient envie. C'est peut-être pour cette raison que les enfants inuit grandissaient et devenaient des Êtres Humains joyeux et heureux de vivre.

Les bateaux étrangers

... où Narua et Apuluk aperçoivent un étrange bateau, en informent leur père, et où l'on prend conscience que Shili, le vieux chaman, a des idées bien arrêtées...

Un printemps, Apuluk et Narua se déplacèrent avec tout le groupe jusqu'à un beau fjord nommé Simiutat. Le fjord était appelé ainsi à cause d'une série de petites îles blotties à son embouchure, presque comme un bouchon au goulot d'une bouteille.

C'était un fjord merveilleux. Long et étroit, avec de hauts flancs de montagnes qui jaillissaient de chaque côté de l'eau. De nombreux ruisseaux descendaient en caracolant de l'inlandsis, il y avait de longues vallées perpendiculaires couvertes de fleurs et de baies. Mais avant tout, ce fjord recélait tout ce dont on pouvait rêver en fait de gibier, tant dans l'eau que sur ses rives.

Une fois que fut choisi le lieu où dresser le campement d'été, l'estivage, Narua et Apuluk aidèrent à vider l'*oumiak*, le bateau des femmes. Beaucoup de choses à porter à terre. D'abord les chiens, que l'on avait couchés au fond, les pattes liées pour qu'ils ne se battent pas. Le long voyage par la mer avait ankylosé leurs membres, mais pas au point de les priver d'une belle bagarre dès qu'ils sentirent à nouveau la terre ferme sous leurs pattes. Ensuite, il fallut transporter tous les ustensiles de cuisine au-delà des marques de marées, les peaux et les habits, les marmites et les bassines, et le bois des séchoirs à viande. Enfin, on transporta les grandes tentes assez haut à flanc de coteau où on les monta de façon à ce que les ouvertures donnent sur le fjord. Les enfants étaient épuisés quand, tôt le matin, ils purent enfin s'abandonner au sommeil.

Cet été-là, un événement curieux se produisit. Un jour où Narua et Apuluk étaient allés en montagne ramasser des herbes aromatiques pour la cuisine, ils aperçurent un bateau bien étrange qui naviguait sur la mer, au loin.

D'abord, ils furent effrayés parce qu'ils crurent que c'était un monstre marin, un de ces affreux monstres dont parlait Shinka. Mais ensuite ils virent que c'était un bateau d'une forme assez proche de celle d'un *oumiak*, seulement, il était vraiment beaucoup plus grand. Ils virent aussi qu'un énorme bâton poussait au milieu du bateau et qu'une vaste peau blanche y était accrochée.

Inquiets, les enfants se cachèrent dans l'herbe tout en suivant le bateau des yeux. Ils apercevaient des hommes à bord, et entendaient des cris qui n'étaient pas très différents de ceux des Êtres Humains.

Narua chuchota à Apuluk que c'étaient peut-être les habitants de l'intérieur du pays qui avaient construit un énorme *oumiak* et qui se promenaient avec, histoire de faire le plein d'Inuit pour leurs grosses marmites. Apuluk secoua la tête. Il avait toujours entendu dire que les habitants de l'intérieur n'aimaient pas la mer. Et que c'était pour ça qu'ils habitaient si loin de la côte.

Quand le bateau eut disparu derrière la dernière île en bouchon à l'entrée du fjord, les enfants se levèrent et coururent rejoindre le groupe.

Le soir, ils racontèrent à leur père ce qu'ils avaient vu de la montagne. Il les écouta avec intérêt et hocha la tête, en signe d'approbation.

« On a déjà entendu parler de ces bateaux, dit-il. Un chasseur du groupe de Katla en a rencontré un une fois, au retour d'Agpat. »

« Ce sont les habitants de l'intérieur ? » demanda Narua.

Son père secoua la tête.

« Non, c'est un peuple que nous ne connaissons pas. Ils viennent par la mer du sud et font escale ici sur nos côtes. L'homme du groupe de Katla a raconté qu'ils pouvaient être très cruels. Il a dit qu'ils avaient tranché en deux un chasseur avec un immense couteau fait d'un matériau qu'il n'avait jamais vu auparavant. »

Le lendemain, quatre hommes du groupe partirent à la rame à la recherche de l'étrange bateau. Narua et Apuluk virent les kayaks disparaître. Leur père était en tête, et ils le virent se retourner et regarder vers la côte avant de disparaître derrière les îles.

« Pourvu qu'il revienne, chuchota Narua, tu te rends compte si les étrangers l'attrapent et le tranchent en deux. »

Apuluk secoua la tête.

« Ils ne peuvent pas attraper papa, dit-il. Il est capable de se glisser tout près d'eux sans qu'ils le voient, et même s'ils le voient, il arrivera facilement à échapper à leur gros bateau balourd. » Il se leva, et les enfants reprirent le chemin du camp d'estivage. Narua dit :

« Tu savais qu'il existait d'autres humains que nous, Apuluk ? »

« Non. » Apuluk frappa l'herbe de son harpon. « Mais ce n'est pas sûr non plus que ce soient de vrais Êtres Humains, comme toi et moi. Peut-être que ce sont des sortes d'esprits que nous ne connaissons pas. On va demander à grand-père. »

Mais Shinka ne connaissait pas les étrangers. Il ne connaissait que les vieux esprits qui cohabitaient avec les Inuit depuis des siècles. Et il était convaincu que l'homme du groupe de Katla avait menti au sujet de ces étrangers.

Cependant, l'histoire avait l'air véridique. Au retour des kayaks, les quatre chasseurs avaient maintes choses à raconter sur l'étrange bateau et son équipage. Ils l'avaient retrouvé à l'extrémité d'un fjord, à moins d'un jour et une nuit de voyage de leur campement.

Le grand tronc ou bâton que les enfants avaient vu avait été couché, et ils avaient pu observer de nombreuses créatures ressemblant à des Êtres Humains, des hommes, des femmes et des enfants.

Ces gens se distinguaient cependant des Êtres Humains habituels par des chevelures toutes de la même couleur de pavot jaune, et par le fait que presque tous les hommes portaient une barbe d'une taille jamais rencontrée auparavant. Cela constituait incontestablement une incursion à la fois suspecte et redoutable dans le Pays des Hommes.

Les chasseurs n'avaient pas tenté d'aller tout près du bateau parce qu'il y avait beaucoup de monde sur la plage. Les kayaks auraient été facilement repérés. À terre avait été installé ce qui pouvait être des sortes de maisons. Ils avaient également vu des animaux inhabituels, dont une sorte rappelait un peu le bœuf musqué et une autre le renne.

Toute la nuit les adultes du groupe discutèrent de ce curieux événement. Couchés entre les peaux, Narua et Apuluk écoutaient attentivement. Ils trouvaient très excitant d'imaginer que d'autres « hommes » que les Inuit puissent exister, et tout à fait incroyable que ce peuple ait trouvé son chemin jusqu'au Pays des Hommes.

Le lendemain, on observa encore deux grands bateaux remontant vers le nord. Ils passèrent si près de la côte que les Inuit, de leurs cachettes sur la plage, purent distinguer bêtes et gens à bord.

Par mesure de sécurité, l'ancien du groupe décida qu'il fallait lever le camp. Les étrangers pouvaient devenir des voisins désagréables, à en croire ce que l'homme du groupe de Katla avait raconté.

Les tentes furent donc toutes redémontées, et l'on sortit du fjord de Simiutat, cap vers le sud.

Narua et Apuluk s'éloignaient à regret des étrangers. Peut-être n'étaient-ils pas si dangereux que ça. On les connaissait si peu. On ne savait même pas s'ils parlaient la langue des Êtres Humains.

Ils naviguèrent quatre jours durant avant d'arriver à un endroit que les chasseurs trouvèrent acceptable. Alors, on installa le campement et la vie reprit son cours comme à Simiutat.

Narua pensait souvent aux étranges bateaux qu'elle avait vus, mais quand l'automne arriva et qu'ils gagnèrent leurs quartiers d'hiver, encore plus au sud, elle oublia petit à petit cette péripétie estivale.

Une année presque entière devait s'écouler avant que Narua et Apuluk n'aient l'occasion de se remémorer l'existence des étrangers.

Le naufrage

... où l'on constate que, même pour un marin chevronné comme Thorstein, les mers arctiques recèlent des pièges redoutables. Et où Leiv aborde le Groenland d'une manière inattendue...

Thorstein était un marin chevronné. Il avait déjà navigué au large du Groenland où de lointains parents à lui vivaient depuis plus de cent ans. Il dirigeait son drakkar à l'aide d'une pierre du soleil et de l'étoile polaire.

Sur le drakkar, il n'y avait pas à proprement parler de cabine. Il n'y avait qu'une estrade devant et une autre à l'arrière, et entre ces deux estrades se trouvait une fosse destinée à la cargaison.

Les deux autres bateaux suivaient celui de Thorstein. Ils se tenaient toujours à portée de voix les uns des autres. Certes, aussi loin vers le nord, il fait jour vingt-quatre heures sur vingt-quatre pendant l'été, mais à hauteur de la côte groenlandaise, un brouillard glacé peut se former d'un instant à l'autre, d'où l'importance de ne pas être hors de portée de voix les uns des autres.

En été, la mer entre l'Islande et le Groenland ne présente le plus souvent aucun danger. Les grandes tempêtes y sont rares, et la visibilité généralement bonne. Par contre, à l'automne et en hiver, la navigation y est périlleuse. En ces périodes-là, l'obscurité est quasi permanente, et une tempête chasse l'autre. Beaucoup de bateaux vikings s'étaient perdus à cause d'une tempête soudaine, et bien plus encore avaient sombré sous les énormes vagues que le vent soulevait.

Il n'avait pas fallu longtemps à Leiv, à bord du drakkar, pour retrouver sa bonne humeur naturelle. Il avait reporté sa vengeance, et se trouvait bien auprès de Thorstein. Il passait le plus clair de son temps en haut du mât, comme vigie, et le plus souvent c'était lui qui donnait l'alerte quand il y avait des phoques ou des baleines en vue.

Après une semaine en mer, le temps changea brutalement. Un vent glacial se leva du nord-est, et de violentes rafales firent craquer le mât et gonfler la voile au risque de la déchirer.

Thorstein regarda le ciel avec inquiétude. Il ordonna à ses hommes de bâcher la fosse de manière à ce que ceux qui s'y trouvaient, hommes et bêtes, ne soient pas détrempés.

Le vent redoubla de virulence. Des averses de pluie et de grêle s'abattirent sur les bateaux, et les hommes se couvrirent la tête de leurs sarraus grossiers, pestant après ce temps d'été peu habituel.

Leiv se trouvait aux côtés de Thorstein. Il se protégeait la tête d'un bouclier, parce que les grêlons étaient gros comme des cerises et faisaient mal où ils frappaient.

« On va bientôt couler ? » s'enquit-il.

Thorstein secoua la tête. « On n'a rien à craindre du vent, grogna-t-il. C'est la glace qui m'inquiète. » Il montra la mer déchaînée. « Nous n'en sommes pas loin. Je l'entends. »

Leiv écouta, mais n'entendit rien d'autre que le fracas de la tempête.

On arrima tout ce qui risquait de s'envoler ou de passer par-dessus bord. Thorstein fit abattre la voile et installa ses hommes aux rames pour garder la proue vent debout.

Ils ramèrent toute la nuit, mais le vent ne mollit pas : il ne voulait pas lâcher les trois frêles esquifs. Leiv aussi se débattait avec sa rame, à s'en démettre les épaules. Les hommes juraient et trimaient comme des possédés pour maintenir le cap.

Les femmes et les enfants qui étaient du voyage se blottissaient sous les grosses bâches, entre les bêtes, au fond de la fosse.

Au petit matin, le veilleur cria qu'il voyait dériver des blocs de glace. C'était de la glace bleue, la plus dangereuse parce qu'on la voit mal dans l'eau. Thorstein ordonna à ses hommes de souquer encore plus fort, mais il comprit vite qu'ils ne pourraient pas échapper aux blocs à la dérive.

Quelques heures plus tard, la glace les avait rattrapés, ils étaient cernés de tous côtés par de grosses plaques. La mer s'était calmée, apaisée par les plaques de glace venant de la côte est du Groenland.

Un raclement inquiétant monta des flancs du bateau. Leiv constata que les trois drakkars étaient captifs d'une mer de glace qui s'étendait à perte de vue. Les glaces poussaient si fort que les grosses planches des bordages se mirent à gémir dangereusement.

Les hommes rentrèrent les avirons et se penchèrent par-dessus bord. En certains endroits, les planches, assemblées à clins, avaient bougé, et l'eau s'infiltrait. On colmata les brèches avec des morceaux de toile imbibés de suif, tout en écopant sans cesse.

Le bateau de Thorstein était le plus atteint. Il faisait eau sous l'étrave, et malgré l'acharnement mis à écoper, le niveau d'eau montait inexorablement dans la fosse.

« Il faut qu'on essaie de passer dans les autres bateaux ! » cria-t-il.

Leiv lui tira la manche. « Je peux sauter de plaque en plaque pour atteindre les autres », dit-il.

Thorstein le regarda, les sourcils froncés. Puis, il hocha la tête.

« D'accord, et dis-leur de nous approcher le plus possible. Sinon, on n'arrivera jamais à transborder les bêtes. »

Leiv enjamba le bordé et sauta d'une plaque de glace à l'autre, par-dessus de profondes crevasses d'eau noire. Tout le temps, il sentait les plaques osciller sous lui, il tomba plusieurs fois, glissant sur la glace avant d'arriver à freiner sa chute en s'agrippant des doigts et des ongles.

Il n'avait pas atteint le bateau le plus proche qu'il se passa ce que l'on pouvait craindre de pire.

Un épais brouillard déferla. En quelques secondes tout fut enveloppé comme d'une couverture grise et humide. Le brouillard était si épais que Leiv ne voyait même pas le bout de la plaque de glace sur laquelle il se trouvait. Puis, il entendit un fracas du tonnerre, des hurlements d'hommes et des beuglements d'animaux terrorisés.

Il sentit la plaque sur laquelle il se trouvait se soulever presque à la verticale, cogner une autre plaque ; il partit à la renverse, glissa contre la paroi raide et chuta dans l'eau glaciale. À peine le temps de s'enfoncer totalement dans l'eau, une autre plaque passait sous lui et le projetait à nouveau vers le ciel.

Le vacarme autour de lui était infernal. Il entendait la glace se briser avec des séries de claquements secs, il entendait le grognement sourd des lourdes plaques se chevauchant. Il entendit aussi le bruit du bois qui éclatait, et il comprit que le drakkar de Thorstein était en train d'être mis en charpie par les masses de glaces.

Puis, Leiv fut à nouveau précipité dans l'eau. Il haleta pour reprendre son souffle et gigota de toutes ses jambes pour essayer de maintenir sa tête hors de l'eau. Revenu à la surface, il vit une grosse poutre se diriger vers lui. C'était une des pièces auxquelles les chevaux avaient été attachés dans la fosse. Trois bouts de cordes traînaient dans l'eau, et à un quatrième, un cheval se trouvait encore attaché. Il flottait mollement, visiblement noyé.

Leiv nagea jusqu'à la poutre et l'agrippa. Il se hissa à moitié sur la poutre, et malgré ses doigts ankylosés par le froid, il parvint à s'attacher avec un des morceaux de cordes. Une fois bien accroché, il regarda autour de lui. Mais il n'y avait pas grand-chose à voir. Seulement de la glace, de la glace tout autour de lui. Tout le reste était masqué par le brouillard. Il se mit à hurler, sans obtenir la moindre réponse en retour.

À un moment, il envisagea de couper la corde du cheval mort, mais il pensa qu'il pourrait peut-être avoir besoin de sa peau et de sa chair, au cas où il parviendrait à atteindre la terre ferme.

Le bateau de Thorstein avait coulé, pressé par les glaces, ça, Leiv en était sûr. Peut-être les deux autres bateaux avaient-ils rencontré le même sort, peut-être tout le monde était-il mort. Leiv claquait des dents tant il avait froid. Il s'allongea sur la poutre, essayant de tenir ses bottes en cuir hors de l'eau.

Combien de temps Leiv chevaucha-t-il la poutre, le cheval mort à sa traîne ? Il ne le sut jamais. De temps à autre, il s'assoupissait, mais pour un bref instant seulement. Il n'osait pas dormir vraiment, de peur de glisser à l'eau. Il était raide, tout son corps transi ; il pensait qu'il allait mourir.

Et puis, plus tard dans la journée, le soleil perça et le brouillard se leva. Leiv souleva la tête et regarda avec lassitude autour de lui. D'abord il fixa la mer. La glace dérivait maintenant plus loin, et lui, il se trouvait tout seul sur sa poutre. Le cheval mort dodelinait dans l'eau. Le courant l'avait entraîné, et dirigeait l'étrange équipage vers la côte.

Leiv découvrit avec surprise qu'il se trouvait à quelques centaines de mètres seulement d'une plage en pente douce, caillouteuse. Au-delà de la plage, il voyait des collines rondes couvertes de bruyère et de saules rabougris. Plus loin, il apercevait de grandes montagnes qui s'élevaient vers un dos bleuâtre de neiges éternelles. Leiv sut qu'il était arrivé au Groenland.

La rencontre

... où Narua et Apuluk, partis chasser des eiders, voient accoster un curieux équipage, retrouvent bien vite leur sens pratique, et prennent les mesures qui s'imposent...

La soudaine tempête d'été ne surprit aucunement les Inuit. Ils trouvaient tout à fait naturel de se retrouver brusquement avec un temps d'hiver au beau milieu de l'été.

Et ce fut en effet d'un coup l'hiver. Une fois la tempête calmée, Narua passa sa tête par l'ouverture de la tente, et vit l'épaisse couche de neige couvrant le sol. Les chiens, qui croyaient que c'était vraiment l'hiver, s'étaient creusé des refuges dans la neige et s'étaient couchés, leurs queues touffues couvrant leurs museaux.

Mais cet hiver-là ne dura pas longtemps. Dès que le soleil refit son apparition, la neige se mit à fondre, et disparut au cours de la journée. Ce fut à nouveau l'été, et les enfants jetèrent les vêtements chauds et jouèrent à nouveau dehors, à moitié nus.

Après la tempête, les chasseurs partirent à la chasse aux narvals dans un fjord des environs. Apuluk, qui n'était pas encore capable d'aller si loin en kayak, ne se joignit pas à eux. Narua et lui partirent donc en montagne pour attraper des eiders à tête grise qui, à cette époque de l'année, ne savaient pas encore voler. À cet âge, les oiseaux n'ont encore que leur duvet de petit, et le plumage permettant de prendre leur envol leur faisait encore défaut.

Apuluk avait apporté sa lance à oiseaux et une fronde en cuir. Narua portait un gros sac en boyau pour transporter les oiseaux capturés.

Les Inuit adoraient les eiders mâles. La petite boule de graisse qui pousse sur leur tête était particulièrement savoureuse. On préférait la déguster crue, aussitôt l'oiseau capturé.

Les enfants se rendirent jusqu'à un nœud de montagnes qui s'avançait dans la mer. D'ici, ils avaient vue sur les glaces à la dérive qui formaient une large bande lumineuse au sud. Ils savaient que cette glace allait rester ainsi pendant la majeure partie de l'été, jusqu'au moment où les violentes tempêtes d'automne arriveraient et balayeraient tout, libérant ainsi la mer. Ils savaient aussi qu'il était important que cette glace reste tout l'été, parce qu'elle regorgeait de gibier, de phoques, de morses, de narvals, d'oiseaux et d'ours. Cette glace, c'était comme un immense garde-manger pour les Inuit.

Dans une des petites vallées latérales, Narua débusqua les premiers eiders mâles. Ils se promenaient d'un pas encore mal assuré, insouciants, comme si rien au monde de mauvais ne pouvait leur arriver.

Apuluk fit signe à sa sœur de les contourner. Narua se coucha dans la bruyère bleue et rampa en arc de cercle pour atteindre l'endroit où les oiseaux se promenaient. Une fois qu'elle fut derrière eux, postée de manière à les surplomber, Apuluk posa une pierre dans sa fronde, se leva et fit des moulinets au-dessus de sa tête. La pierre quitta le cuir à une vitesse inouïe.

Un des oiseaux fut touché en plein poitrail et culbuta, un rien groggy. Une nouvelle pierre quitta la fronde dans un sifflement. Elle passa tout près d'un gros mâle qui, vexé, se déplaça de quelques mètres. La pierre suivante fit mouche, l'oiseau s'affala dans la bruyère. Alors, Narua bondit, et la troupe d'oiseaux détala en direction d'Apuluk.

Ils capturèrent cinq oiseaux en tout et furent très fiers de leur exploit. Assis sur une grosse pierre plate, ils dégustèrent les succulentes boules de graisse pendant qu'elles étaient encore chaudes.

Au beau milieu de leur petit festin, Narua agrippa le bras de son frère et chuchota :

« Regarde là-bas ! Qu'est-ce que c'est ? »

Apuluk se redressa et mit les mains en visière au-dessus de ses yeux.

« C'est un gros bâton qui flotte, répondit-il. Mais il y a quelque chose dessus. »

« Il y a aussi quelque chose derrière le bâton, dit Narua, quelque chose qui flotte mollement dans l'eau. »

Hâtivement, les enfants fourrèrent les oiseaux dans le sac et coururent jusqu'à la plage.

« Je crois que c'est un humain sur le bâton ! cria Narua, essoufflée. Regarde, il essaye de se relever. »

Apuluk hocha la tête. Il s'était arrêté devant les vaguelettes.

« C'est bien un humain, dit-il. Il faut qu'on essaye de l'aider. Je crois que le courant va l'amener dans la petite crique là-bas. »

À partir de la crique en question, ils virent le bâton se diriger lentement vers la plage, porté par le courant. Quand l'étrange embarcation ne fut qu'à une dizaine de mètres de la plage, Apuluk pénétra dans l'eau. Elle était glaciale, et Apuluk eut le souffle coupé quand le bas de son corps fut enserré dans cet étau.

C'est seulement quand il parvint à agripper le bâton qu'il prit conscience qu'il s'agissait d'un garçon. Un garçon avec de curieux cheveux clairs et des yeux bleus, pâles, étranges.

Le garçon sur le radeau dit quelque chose qu'Apuluk ne comprit pas. Il fit des gestes avec ses bras. Apuluk vit que le garçon était attaché au bâton par une épaisse corde. Apuluk poussa rapidement le bâton vers la plage, et une fois que Narua et lui eurent réussi à le tirer un peu sur les galets, ils dénouèrent la corde.

Un moment, Narua fixa le garçon. Puis elle regarda le cheval mort dodelinant avec le ressac.

« Apuluk, s'exclama-t-elle, effrayée, c'est un *kilivpak* mort ! »

Apuluk regarda attentivement le cheval.

« C'est peut-être un *kilivpak*, dit-il. Ou bien un animal du pays d'où vient ce garçon. » Il regarda le garçon en question. « Je crois que c'est un des étrangers que papa et les autres ont vus l'année dernière à Simiutat. »

« Tu crois qu'il est dangereux ? » demanda Narua. Elle s'approcha du garçon. Il était couché sur le dos, grelottant de froid. Quand leurs yeux se rencontrèrent, elle ne put s'empêcher de sourire. Le garçon la regarda d'abord avec étonnement, puis il sourit à son tour.

« Il sourit comme un Être Humain, dit-elle. Il ne peut pas être si dangereux que ça. »

Apuluk s'agenouilla près du garçon et entreprit de lui ôter les vêtements détrempés par l'eau de mer et qui lui collaient au corps. Quand Apuluk voulut défaire la ceinture qui portait un gros couteau, le garçon essaya de résister. Mais il était trop faible pour se débattre et ses bras retombèrent, impuissants.

Enfin, le garçon inconnu fut entièrement nu. Apuluk et Narua le regardèrent avec étonnement. Jamais ils n'avaient vu de peau si blanche. Elle était presque aussi blanche que de la neige tombée la veille. Mais c'est surtout ses yeux qu'ils trouvèrent incroyables. Ils avaient la même couleur que l'eau ou le ciel ; ils étaient complètement différents des yeux de vrais Êtres Humains. Étrange, décidément, ce garçon qu'ils avaient arraché à la mer ! Mais il avait l'air tout à fait paisible, et à part les yeux, la peau et les cheveux, il était fait comme n'importe quel Être Humain.

« Qu'est-ce qu'on fait de lui ? demanda Narua. Tu penses qu'il faut qu'on le ramène à l'habitat ? »

Apuluk réfléchit longuement. Puis il secoua la tête :

« Je ne suis pas sûr que ce soit une bonne idée, répondit-il. Les adultes n'aiment pas ces étrangers. Ils pourraient le tuer, ou bien le renvoyer à la mer sur son bâton. Le vieux Shili croit que ces étrangers sont des mauvais esprits qui ont été envoyés chez nous pour nous faire du mal. Et comme c'est le grand chaman, la plupart des autres vont être d'accord avec lui. »

Narua hocha la tête. Elle savait que le vieux Shili redoutait les étrangers plus que tout. C'était le chaman du groupe, et il avait vu et vécu des choses que les gens du commun n'avaient ni vues ni vécues.

« Qu'est-ce qu'on fait alors ? »

« Peut-être qu'il vaudrait mieux qu'on lui trouve une grotte où il puisse se cacher pendant quelque temps, proposa Apuluk. Il y a des grottes pas loin d'ici. On ne les voit pas de la mer, il y serait donc en sécurité. »

« Mais il ne peut pas y rester, objecta Narua, il y souffrirait de la solitude. »

Apuluk prit le couteau du garçon et l'examina.

« Non, ce n'est que pour un temps. Je pense vraiment qu'il ne faut pas le ramener chez nous avant d'être sûrs qu'il soit bien disposé, et avant qu'il ait appris un peu notre langue. S'il parle la langue des Êtres Humains, il pourra expliquer aux anciens d'où il vient, ce qu'il veut ici, et comment il a atterri sur le bâton dans la mer. »

Narua hocha la tête. « Et puis, ils lui permettront peut-être de rester avec nous. Apuluk, comme c'est excitant tout ça ! »

Le garçon, qui n'avait rien compris à ce que disaient les enfants, se redressa pour s'asseoir. Il posa une main sur sa poitrine.

« Leiv, dit-il dans sa langue. Je m'appelle Leiv, Leiv. »

Narua le regarda, interrogateur.

« Tu crois qu'il a faim ? » demanda-t-elle.

« Dans ce cas, il se serait sûrement frotté le ventre ou il aurait montré sa bouche, dit Apuluk, mais essaye quand même de lui donner quelque chose. »

Narua plongea la main dans le sac et retira un oiseau qu'elle tendit au garçon. Il le reçut avec un petit sourire, mais le redéposa tout de suite à côté de lui. Puis il se désigna à nouveau et dit : « Leiv, Leiv – Leiv. »

« Je crois qu'il nous dit son nom », suggéra Apuluk.

Il montra le garçon et répéta l'étrange mot.

« Leiv, Leiv ? »

Le garçon hocha énergiquement la tête. Puis il montra Apuluk et releva les sourcils d'un air interrogateur.

« Apuluk », répondit celui-ci, et il montra sa petite sœur : « Narua. »

« Apuluk, Narua », répéta Leiv rapidement, et ils se mirent à rire tous les trois parce que sa manière de prononcer les noms avait quelque chose de tout à fait comique.

Quand Leiv eut fini de ronger l'eider jusqu'aux os, il s'apprêta à remettre ses vêtements mouillés. Mais Apuluk les lui arracha et les réétala sur les rochers pour qu'ils sèchent. Puis, il montra du doigt l'animal dans l'eau.

Leiv hocha la tête. Il sortit le couteau de sa ceinture et ensemble ils s'approchèrent du cheval.

C'était un animal gigantesque pour Apuluk et Narua, et d'abord ils eurent un peu peur d'y toucher. Mais quand Leiv se mit à le dépecer, ils virent que l'animal contenait exactement la même chose que n'importe quel autre gibier et leur peur se volatilisa. C'était là un animal tout à fait ordinaire sous une apparence un brin différente. Tout comme Leiv était un humain tout à fait commun hormis quelques petites différences.

Quand tout ce qui était mangeable sur le cheval eut été étalé pour sécher au soleil, les vêtements de Leiv étaient presque secs. Il les remit et commença à raconter son voyage aux enfants inuit. Ils l'écoutèrent en silence, et bien qu'ils n'aient pas compris ses mots, ils saisirent qu'il avait besoin de parler et qu'il avait vécu des choses atroces.

Plus tard dans l'après-midi, Apuluk et Narua prirent la main de Leiv et le menèrent aux grottes où il fallait le cacher. Ils ramassèrent de la bruyère et de l'herbe qu'ils déposèrent dans la plus grande grotte. Ils en fabriquèrent une couche pour dormir et ils transportèrent la viande du cheval jusque dans la grotte pour que les animaux sauvages ne s'en emparent pas.

C'est seulement tard le soir qu'ils quittèrent Leiv. Et même s'ils ne pouvaient échanger que les quatre mots qu'ils lui avaient appris dans la journée, feu, faim, oui et non, c'était comme s'ils se connaissaient depuis longtemps.

L'adoption

... où Narua et Apuluk se décident à présenter Leiv au groupe, où le vieux Shili reste fidèle à lui-même, mais où une vieille femme pleine de bon sens se charge de remettre les choses en place...

Leiv passa le plus clair de l'été dans sa grotte. Narua et Apuluk lui rendaient visite aussi souvent qu'ils le pouvaient. Ils lui avaient apporté une lampe à graisse de phoque pour faire bouillir sa viande et pour se réchauffer pendant les soirées frisquettes.

Et Leiv eut autre chose que de la viande de cheval à manger. Sur la plage, il pêchait des chabots et des morues polaires, il récoltait des œufs d'oiseaux et des baies, et les enfants lui apportaient toutes les friandises qu'ils réussissaient à subtiliser dans la marmite à viande de leur mère.

Mais quand Apuluk partait à la chasse avec son père, et que Narua aidait chez elle, les journées lui semblaient interminables. C'est seulement quand ses nouveaux amis étaient avec lui que le temps filait à toute vitesse.

Au cours de ces mois, Leiv apprit si bien la langue des enfants inuit qu'ils arrivaient à parler ensemble. Ce n'était pas si difficile que ça, trouvait-il, même si beaucoup de mots étaient prodigieusement longs. Apuluk avait mis au rebut les vêtements norrois de Leiv qui étaient à la fois trop usés et beaucoup trop légers pour la vie dans la grotte. À la place, il avait apporté à Leiv une paire de ses propres pantalons, et un anorak en peau de phoque. Narua lui confectionna une paire de kamiks, et des moufles qui avaient deux pouces à chaque main, un en haut et un en bas, ce qui était très pratique quand il fallait les enfiler rapidement.

Quand les oiseaux migrateurs entreprirent leur vol vers le sud, Narua et Apuluk ramenèrent Leiv jusqu'à l'habitat. Où il fut l'occasion d'un grand remue-ménage. Terrorisés, les enfants qui jouaient entre les tentes s'enfuirent dès qu'ils le virent. Ils voyaient en lui un esprit remontant de la mer, habillé en vêtements d'humain. Apuluk mena Leiv jusqu'à la tente de son père, et très vite les habitants des autres tentes affluèrent pour voir l'étrange visiteur.

« Nous l'avons trouvé flottant sur un gros bout de bois, expliqua Apuluk. Nous l'avons tiré à terre et caché dans une grotte en attendant qu'il apprenne un peu de la langue des Êtres Humains. »

Le père d'Apuluk examina longuement Leiv. Il hocha la tête à plusieurs reprises, mais ne dit rien. Le vieux chaman, lui, se mit à vociférer.

« Qu'avez-vous fait, qu'avez-vous fait là ? dit Shili. Ne voyez-vous pas que vous avez ramené le malheur ici ? C'est là un esprit terrible qui s'est déguisé en homme. »

« Dans ce cas, en plus, nous l'avons aidé, dit Apuluk, vu que l'anorak et le pantalon sont à moi, et que c'est Narua qui a fait les kamiks. »

« Silence, garçon, siffla le vieux Shili en se tournant vers les chasseurs. C'est là l'esprit auxiliaire d'un homme mauvais. » Il montra Leiv du doigt. « Il a été envoyé pour venger quelque chose, mais je ne sais pas encore quoi. »

Alors Leiv dit :

« Personne ne m'envoie. Je viens d'un pays qui s'appelle l'Islande, un pays qui ressemble beaucoup au vôtre. Et je ne vous veux rien de mal. »

Il détacha son regard du vieux Shili pour le fixer sur Narua et Apuluk. « Ces deux-là sont mes frère et sœur », dit-il doucement.

Le père d'Apuluk sourit. Leiv prononçait les mots complètement de travers, et plusieurs des Inuit présents se mirent à glousser. Puis le père d'Apuluk dit :

« Tu nous ressembles, et pourtant tu es différent. » Il s'approcha de Leiv et le flaira. « Mais tu as l'odeur d'un Être Humain. »

Le vieux Shili cria : « Il vient de ces bateaux redoutables qui naviguent dans les parages et qui cueillent des Êtres Humains pour s'en repaître. Vous avez tous entendu parler de l'homme du clan de Katla qui s'est fait trancher en deux, n'est-ce pas ? »

Il jaillit devant Leiv, en dansant :

« Tuons-le, tuons-le ! » hurla-t-il.

Certains des chasseurs, qui avaient une confiance absolue en ce que disait le vieux Shili, serrèrent leurs longs harpons. L'un d'eux visa la tête de

Leiv. Celui-ci le vit, et porta la main au couteau qui pendait à sa ceinture, tout en regardant l'homme droit dans les yeux. Puis, il lâcha son couteau.

« Non, dit-il, je ne veux pas de sang entre nous, comme il y en a eu entre mon père et Thorstein. »

À ce moment-là, une vieille femme, une tante paternelle des enfants, s'avança. Elle montra du doigt le chasseur au harpon en position de tir.

« Eh bé, hennit-elle doucement, en voilà un fieffé chasseur qui flaire du gros gibier. Regardez ses narines vibrer comme celles d'un renard qui a senti un lièvre mourant. » Elle rit avec mépris. « Qu'est-ce qu'ils sont héroïques, nos hommes. Nous, les femmes et les enfants, nous avons toutes les raisons de nous sentir en sécurité ! Voyez-vous, ce grand chasseur habile est assez courageux pour tuer un enfant sans défense, un enfant qui n'a fait de mal à personne. »

Nombreux furent les adultes dans la tente qui ne purent s'empêcher d'éclater de rire aux propos de la vieille. Et elle continua :

« Eh oui, dit-elle en secouant la tête, le vieux Shili a une fois de plus des visions que personne d'autre que lui n'a jamais eues. Maintenant il ne fait même plus la différence entre un véritable esprit et un enfant d'un pays éloigné. Faut dire aussi qu'il est maintenant si vieux qu'il aurait dû partir depuis belle lurette s'asseoir sur les glaces comme toute personne sensée l'aurait fait. »

Le père d'Apuluk rit.

« Tu as raison, dit-il, ce garçon n'est pas un esprit, mais un enfant d'humain. Les miens l'ont caché dans une grotte pendant longtemps parce qu'ils avaient peur qu'on le tue. Est-ce qu'il leur a fait du mal ? Est-ce qu'il ne parle pas un peu de la langue des Êtres Humains ? Avons-nous oublié d'être hospitaliers envers les gens qui nous rendent visite ? »

Il alla devant Leiv et posa une main sur son épaule.

« Tu as choisi Apuluk et Narua comme frère et sœur, me permets-tu de te choisir comme fils ? »

Il regarda autour de lui. Laissa son regard passer de visage en visage.

« Voici mon fils, dit-il d'une voix forte. Il m'a été envoyé par la Mère de la Mer qui règne sur tous les animaux marins. »

Leiv regarda Narua et Apuluk, qui lui sourirent en hochant la tête. Il n'avait pas compris tout ce que leur père avait dit, mais il voyait sur les visages des enfants qu'il avait été reconnu et adopté par le petit groupe inuit.

Trois amis

... où la banquise joue un mauvais tour aux enfants, et où Leiv échappe de peu à une mort horrible...

Leiv pensait souvent à Thorstein et à tous ceux avec qui il avait navigué à bord des trois drakkars. Il parcourait encore les plages à la recherche de bris des navires et d'autres choses provenant des trois bateaux, mais il ne trouva jamais rien. Soit tout avait coulé par le fond, soit les courants et les glaces à la dérive avaient tout transporté en haute mer ou vers la pointe sud du Groenland.

De temps en temps, il pensait qu'il ferait mieux de quitter ses nouveaux amis et d'essayer de trouver une des colonies norroises dont il avait entendu parler chez lui en Islande. Il savait qu'il y en avait une que l'on nommait Eystribyggd, le Hameau de l'Est, où Erik le Rouge et sa famille avaient vécu, et une autre Vestribyggd, le Hameau de l'Ouest, qui était située un peu plus au nord.

Mais en réalité, il n'avait pas très envie de quitter ses amis. Les jours passant, il s'était de plus en plus attaché à Narua et Apuluk, et admirait leur père et les autres chasseurs pour leur habileté à la chasse.

Il ne fallut pas longtemps à Leiv pour apprendre à manier lance et harpon. Et il fut rapidement aussi doué qu'Apuluk, son frère d'adoption.

Mais cela ne dérangeait pas Apuluk. Au contraire, mieux Leiv se débrouillait, plus Apuluk était fier.

Les trois enfants étaient inséparables. Toujours ensemble, ils erraient dans l'arrière-pays, où il y avait des rennes, et ils fabriquaient avec des pierres des pièges à renards loin de l'habitat. Les adultes taquinaient Narua qui accompagnait toujours les garçons, mais personne n'essaya jamais de la retenir à l'habitat.

L'hiver, ils partaient tous les trois sur le même traîneau. Lors de ces tournées, Narua était indispensable aux garçons. Quand ils étaient à la chasse ou qu'ils relevaient les pièges, elle restait dans l'abri en neige ou dans la tente pour entretenir la lampe, réparer les habits et faire la cuisine. Il y avait de quoi s'occuper pour une fille qui devait subvenir aux besoins de deux chasseurs.

Quand ils rentraient avec du gibier, elle les aidait à dépecer, et elle raclait et préparait les peaux mieux qu'aucun des deux garçons. Narua était presque aussi habile de ses mains qu'une femme adulte. Et c'étaient vraiment des temps merveilleux qu'ils vivaient ensemble, tous les trois.

Jamais Leiv n'avait vécu aussi libre et indépendant. Son seul devoir était de participer à trouver de quoi se nourrir, et ce devoir, il le vivait comme un jeu. Personne ne lui donnait jamais d'ordres, personne n'essayait de décider pour lui ce qu'il devait faire, et tout le monde était très gentil avec lui. Même Shili, le vieux chaman, avait fini par s'attacher au petit Islandais. Parce que Leiv était toujours avenant envers le vieux, et il posait souvent un bon petit morceau de viande de phoque ou un délicieux petit foie devant l'ouverture de la tente du vieil homme.

Au cours de l'année qui suivit, Leiv apprit à parler la langue des Inuit presque couramment. Cela venait tout seul, sans qu'il ait le sentiment de vraiment faire un effort. Un jour, il constata simplement qu'il était capable de parler aussi facilement avec ses nouveaux compagnons qu'autrefois avec ses compatriotes en Islande.

Pour les Inuit, la contribution de Leiv au divertissement des longues soirées de la période sombre était très appréciée. Ils étaient capables de rester sans broncher pendant des heures à écouter les histoires de Leiv concernant la vie en Islande. Il racontait aussi tout ce qu'il avait entendu de son père sur les raids vikings en Angleterre et en Irlande, et quand il parlait du roi de la Norvège, les Inuit restaient béats d'étonnement. Seul le vieux Shili se tenait un peu à l'écart dans la maison commune, vacillant et maugréant.

« Eh oui, eh oui, on connaît bien ce genre de grands hommes. On a soi-même visité nombre de lieux semblables au cours d'innombrables voyages en esprit. » Et le vieux Shili prit la parole à la place de Leiv pour raconter des légendes inuit qui étaient si fantastiques que c'était maintenant au tour de Leiv de rester bouche bée. Quand le vieux Shili s'endormait de fatigue au milieu de son récit, le grand-père de Narua et d'Apuluk continuait, car il connaissait les légendes aussi bien que le chaman.

Le deuxième hiver que Leiv passa chez les Inuit, ils s'étaient installés assez loin au nord par rapport à l'endroit où Leiv avait échoué. Cet hiver-là, Apuluk, Leiv et Narua accompagnaient les adultes à la chasse. Ce fut un hiver heureux, avec quantité de viande.

L'été suivant, on chargea à ras bord les *oumiaks* et on mit cap encore plus vers le nord, pour atteindre les lieux d'estivage près de Simiutat. Leiv savait qu'il se trouvait maintenant à quelques jours de voyage seulement d'une colonie norroise, mais il n'avait pas vraiment envie de quitter le groupe. Il était si bien dans cette vie qu'il ne pouvait plus l'imaginer sans Narua et Apuluk.

Apuluk et Leiv étaient maintenant dans leur quinzième année. Ils étaient tous deux pleins de vigueur et presque aussi forts que des hommes adultes. Narua, qui avait quatorze ans, s'était faite plus ronde et féminine. Mais elle avait toujours ses yeux marron rieurs et elle pouffait comme une gamine quand les garçons la taquinaient.

Les garçons mesuraient souvent leurs forces. Ils faisaient des bras-de-fer, jouaient à se tirer par les doigts, ou se livraient à des luttes comme Leiv l'avait appris en Islande. Mais curieusement, ni l'un ni l'autre ne gagnait jamais. Narua en riait et disait que ni l'un ni l'autre ne voulait vaincre l'autre parce qu'ils étaient beaucoup trop amis pour ça. Elle avait probablement raison.

Un printemps, assez tard dans la saison, les garçons partirent à la chasse au bord des glaces. Narua était du voyage. Sur leur traîneau, ils allèrent jusqu'à la mer pour camper au plus près de l'eau. Quand ils eurent monté une tente légère en peau et retourné le traîneau à l'envers pour que les chiens ne s'échappent pas avec, ils se couchèrent, fatigués du long voyage.

Cela avait été en effet un trajet difficile, ils avaient traversé de la neige molle et des étendues d'eau de fonte par endroit si profondes que l'eau avait dépassé le plancher du traîneau.

Leiv était allongé dans son sac de couchage en peau de renne. Il sentait la glace bouger en dessous de lui.

« J'espère qu'elle va tenir, murmura-t-il, inquiet, est-ce qu'elle n'est pas un peu trop mince ici ? »

Apuluk tira le capuchon sur son visage.

« Si, dit-il, elle est plus usée que d'habitude. Mais elle va tenir. La glace de la mer est plus tenace que la glace des lacs. »

Narua ne dit rien. Elle s'était endormie dès l'instant où elle s'était glissée dans son sac.

Mais la glace ne tint pas !

Dans la nuit, ils furent réveillés par un sinistre craquement sec, et ils se redressèrent tous les trois, effrayés.

« C'était quoi ? » Leiv sortit précipitamment de son sac.

« Je crois que c'est la glace qui a cédé », répondit Apuluk.

Ils se précipitèrent hors de la tente et constatèrent que la glace avait effectivement cassé. Un large couloir d'eau les séparait de la glace solide et de la côte sécurisante.

La fente était trop large pour qu'ils puissent sauter par-dessus. Narua agrippa Leiv par le bras.

« Tu sais nager ? demanda-t-elle. Ni Apuluk ni moi ne savons comment on fait. »

Leiv hocha la tête.

« Attache les cordeaux des harpons les uns au bout des autres, dit-il. Je vais essayer de rejoindre le traîneau et les chiens à la nage. »

Apuluk et Narua s'entraidèrent à attacher les longs cordeaux des harpons bout à bout, pendant que Leiv se déshabillait. Quand il fut nu, debout sur la glace, ils nouèrent la corde autour de sa taille, et avec un hurlement strident il se jeta à l'eau. Il se mit à nager à longues brassées vers la côte et la glace solide, pendant qu'Apuluk donnait du mou. Inquiète, Narua suivait Leiv des yeux, et ses mains se crispèrent quand elle le vit stoppé par la fin du cordeau, à quelques mètres seulement du bord de la glace.

Leiv essaya de leur crier quelque chose, mais il était tellement transi que ses cris n'étaient que des sons incompréhensibles. Apuluk vit Leiv s'alourdir dans l'eau, ses bras se faire plus mous et ses brassées perdre de plus en plus de leur vigueur.

« Ramène ! » hurla-t-il à Narua, et ensemble ils se mirent à tirer Leiv le plus vite possible. Quand ils l'eurent enfin remonté sur leur plaque de glace, il était à moitié mort de froid. Ils le transportèrent sous la tente et le fourrèrent dans l'épais sac de couchage. Narua mit de la graisse dans la lampe et commença à faire bouillir de la soupe enrichie d'une carcasse de mouette.

« Heureusement que vous n'avez pas lâché le cordeau », bégaya Leiv. Ses dents claquaient tant il avait froid. « Je n'aurais jamais réussi à faire les derniers mètres, je n'aurais jamais pu monter sur la glace. »

Apuluk hocha la tête. Il savait que la mer qui entoure le Groenland est très dangereuse, et qu'on ne peut y passer que quelques minutes avant d'être saisi de crampes et de couler.

« Tu vas bientôt avoir de la soupe chaude, dit Narua. Et tu cesseras de trembler. »

La plaque de glace sur laquelle ils se trouvaient dérivait lentement vers le nord, portée par le courant. De temps à autre Apuluk jetait un coup d'œil par l'ouverture de la tente. Bientôt la glace solide ne fut plus qu'une fine ligne blanche à l'horizon.

Leiv s'était réchauffé grâce à la soupe de Narua. Il avait très mal à un pied, mais il n'en dit rien aux autres.

« Que va-t-il arriver aux chiens ? » demanda-t-il.

Apuluk referma l'ouverture de la tente en resserrant les cordelettes. « Quand ils auront vraiment faim, ils trancheront leurs liens avec leurs dents pour les manger. Ensuite, ils retourneront à l'habitat. »

Narua moucha quelques-unes des mèches de la lampe pour économiser la graisse.

« Alors papa comprendra qu'il est arrivé quelque chose et les chasseurs partiront à notre recherche », dit-elle.

Leiv la regarda. « Mais ça peut prendre longtemps ! »

Elle hocha la tête. « Oui, ça peut prendre longtemps, dit-elle doucement, mais le courant nous aura peut-être poussés vers la côte avant qu'ils ne partent à notre recherche. »

À la dérive

... où Leiv découvre bien des talents à ses frère et sœur d'adoption, et où ceux-ci ont beaucoup de mal à imaginer la vie en Islande...

L'état du pied de Leiv empira. Narua vit qu'il avait mal et l'obligea fermement à enlever son kamik en peau de lièvre pour lui montrer l'état des choses. Le pied était très gonflé et deux orteils étaient devenus bleus.

« *Geruneq* », chuchota-t-elle à son frère, et Apuluk regarda Leiv avec tristesse.

« Qu'est-ce que c'est ? » Leiv n'avait jamais entendu le mot.

« Une gelure, répondit Narua. Elle est en train de pourrir ton pied. »

« Vous savez ce qu'il faut faire ? »

Apuluk s'agenouilla et regarda les doigts de pied presque noirs.

« Oui, répondit-il. Il n'y a qu'une chose à faire. Il faut enlever les parties noires pour sauver le reste du pied. »

Leiv regarda les peaux tendues au-dessus de lui.

« Prends mon couteau, c'est le plus tranchant. »

Apuluk sortit le couteau de Leiv de sa gaine logée dans la tige de son kamik. Il l'essuya sur un petit bout de peau de lièvre et s'assit sur les genoux de Leiv.

« Tiens ses mains », dit-il à Narua.

« Ce ne sera pas nécessaire », répliqua Leiv.

Narua prit l'une de ses mains entre les deux siennes et la serra.

Quand Apuluk pratiqua la première incision dans la chair saine derrière les doigts de pieds noircis, une violente douleur transperça Leiv. Il gémit entre ses dents serrées et jeta sa tête d'un côté à l'autre. Mais le poids d'Apuluk maintint ses jambes immobiles. Les jointures des doigts de Narua étaient blanches tant elle serrait la main de Leiv.

Apuluk trancha autour des os des orteils malades, et dans un claquement sec, il cassa d'abord le premier, puis le second. Le corps de Leiv tressaillit plusieurs fois, puis s'immobilisa. Narua lui lâcha la main, et posa sur les blessures des petits lambeaux de peau de lièvre qu'elle avait imbibés d'urine. Elle noua ensuite une longue bande de peau autour du pied.

Quelques instants plus tard, Leiv reprit connaissance. La douleur le fit gémir. Il regarda Apuluk : « C'est fini ? »

« Oui, tu as deux doigts de pied en moins. »

« Alors, ça va aller mieux maintenant ? »

« Je crois. Le reste du pied a l'air en bon état, mais tu vas perdre la peau. »

Narua approcha de Leiv un bol de soupe chaude.

« Bois. » Elle sourit. « Cette soupe est accommodée avec un de tes parents. »

« Un de mes parents ? »

« Oui, le *taateraaq*, la mouette à trois orteils. »

Quand ils eurent dormi six fois sur la plaque de glace, ils eurent cette chance que le courant s'oriente vers la côte. Il les portait tout près d'une presqu'île avec de basses montagnes couvertes de neige. Apuluk calcula que l'extrémité de la plaque toucherait terre avant que le reflux ne la remporte à nouveau au large.

Ils se dépêchèrent de plier la tente, de serrer les sacs de couchage, et ils aidèrent Leiv à aller jusqu'au bout de la plaque de glace qui allait toucher terre. Narua avait entouré le pied de Leiv d'une peau de phoque, et malgré des douleurs intenses, il arrivait à poser le pied en touchant d'abord avec le talon.

Tout se passa comme Apuluk l'avait imaginé. Le bout de la plaque pivota lentement vers la côte, et ils purent sans aucun problème débarquer. Quel délicieux sentiment que celui de fouler à nouveau un sol stable ! Ils décidèrent de remonter une des vallées pour y camper. Apuluk marchait en premier avec deux sacs de couchage et la tente. Leiv avait passé un bras sur les épaules de Narua. Il portait son propre sac de couchage, et Narua un grand sac en peau contenant ses ustensiles de cuisine.

Quand ils eurent trouvé un endroit convenable et que la tente fut montée, Apuluk voulut faire du feu. Narua lui passa le petit sac qui contenait la planchette, le foret et l'arc muni de sa courroie de tendon. Il s'agenouilla, enroula le foret dans la courroie de l'arc, de manière à ce que la pointe repose sur la planchette de bois. Puis, il anima l'arc dans un mouvement de va-et-vient, et le foret se mit à tourner. De plus en plus vite. Du frottement ainsi créé, une fine colonne de fumée monta bientôt. Narua poussa délicatement un peu de mousse sèche vers la fumée, pendant qu'Apuluk continuait à faire tourner le foret. Quand la première petite étincelle se manifesta, Narua se baissa et souffla pour la faire prendre et se répandre. Bientôt, la mousse brûla avec de petites flammes claires.

Apuluk était en sueur. C'était un dur travail que de faire du feu, et Leiv le regarda avec admiration. Une fois le feu bien pris, Apuluk fabriqua un trépied en bouleau polaire pour que Narua puisse suspendre sa marmite. Ce soir-là, ils mangèrent des chabots que Narua avait pêchés dans une fente de marée. C'était un changement bienvenu par rapport à la viande de phoque séchée qui avait constitué leur unique menu sur la glace.

« C'est étrange, dit Leiv quand ils furent chacun dans son sac, rassasiés et bien au chaud, nous, les Norrois, on vous appelle toujours des *skrællings*. »

« C'est quoi, des *skrællings* ? » demanda Narua.

« C'est un mot un peu méchant qui veut dire quelque chose du genre "faiblards" », expliqua Leiv. Et il ne put s'empêcher de sourire à cette idée. « Je ne sais pas pourquoi les Norrois croient tous que vous êtes bêtes et sous-développés, alors qu'en fin de compte vous savez vous débrouiller bien mieux que nous. » Il sortit la tête du capuchon et regarda Apuluk. « Si j'avais été seul, je serais mort soit noyé, soit de la gangrène dans mon pied, soit de froid ici. Je ne sais même pas faire du feu. »

« Nous, on a toujours vécu ici, répondit Apuluk modestement, c'est pourquoi nous avons peut-être appris un peu mieux que vous à nous débrouiller. »

« Avez-vous vraiment toujours vécu dans la glace et la neige ? demanda Leiv. N'avez-vous jamais passé un hiver sans neige comme cela peut arriver en Islande ? »

Narua rit. « Un hiver sans neige, ce serait l'horreur. On ne pourrait pas voyager en traîneau ni construire des abris en neige. Ça doit être dur de vivre en Islande ! »

Leiv secoua la tête, pensif.

« Quand je pense à la manière dont nous vivons chez moi, j'ai du mal à comprendre comment vous pouvez survivre ici. Vous n'avez pas d'animaux domestiques, à part les chiens, vous n'avez ni vaches, ni moutons, ni chevaux. Sans ces animaux, je pense que nous ne pourrions pas survivre en Islande. Vous n'avez que la mer et ce qu'elle peut vous donner. »

« Mais elle nous donne tout ce dont on a besoin, répondit Apuluk. Et tout d'abord le phoque. Il nous offre à la fois de la nourriture et de quoi faire des habits. Le morse nous offre des lanières, des peaux pour les semelles de nos kamiks et de la viande pour nous et pour les chiens. Les rennes nous offrent des sacs de couchage bien chauds, des anoraks et une viande délicieuse. De l'ours, on reçoit de la viande pour les chiens et pour nous, et avec leur peau nous pouvons nous confectionner des pantalons ou les utiliser pour dormir. »

Narua ajouta :

« Nous avons tout ici, tout ce dont un Être Humain a besoin. Pense aux oiseaux. Aux merveilleux œufs, aux jolies petites fourrures en délicates peaux d'oiseaux que nous nous cousons, et aux mergules nains dont on fait des confits pour l'hiver. Nous avons des lièvres pour nous faire des chaussettes et des petites culottes, des peaux de renards qui sont chaudes et protègent contre le vent, des bœufs musqués qui nous offrent la viande la plus délicate qu'on puisse imaginer. Ah, oui, nous avons vraiment tout ici ! Que sont tes vaches, tes moutons et tes chevaux face à une telle exubérance de richesses ? »

Leiv hocha la tête.

« Vous avez raison. Que peut-on se souhaiter de plus ? Mon oncle Helge voulait tellement plus de choses ! Finalement, il partait de par le monde pour se procurer des choses dont il n'avait même pas besoin. »

« Quel genre de choses ? » demanda Narua.

« De l'or et de l'argent, de précieuses étoffes et des choses comme ça. »

« C'est quoi, l'or et l'argent ? » demanda Apuluk, intéressé.

« Ben, ce sont des sortes de métaux. Un peu comme le fer de mon couteau, mais beaucoup plus précieux. »

« Il voulait peut-être fabriquer des couteaux ? »

Leiv rit. « Non, ça ne peut pas servir à faire des couteaux. On peut seulement en faire des bijoux. »

« C'est quoi, des bijoux ? » Narua se coucha sur le côté en appuyant la tête sur sa main.

« C'est des objets qu'on passe autour du cou ou autour des poignets, ou qu'on porte en anneaux aux doigts. »

« À quoi ça sert ? »

« Ben, ça sert à faire joli, je crois. »

« Et c'est joli ? » s'enquit Narua.

Leiv secoua la tête.

« Je n'en suis plus si sûr. Mais en tout cas, c'était pour tout ça que mon oncle Helge partait tuer des gens. »

« Il tuait des gens ? » Apuluk regarda Leiv, effaré. « Pour se procurer ce métal à se mettre autour des doigts ? »

Leiv hocha la tête. « Oui, maintenant, moi aussi, je trouve ça bizarre. Ici personne ne tue jamais personne ? »

« Si, ça peut arriver, répondit Apuluk, mais seulement quand c'est nécessaire. Quand on tue quelqu'un, c'est parce qu'il est possédé par un très mauvais esprit et indigne de vivre. » Il retira complètement le capuchon de son visage. « Autrefois il y avait un chasseur dans notre groupe qui ne s'entendait pas avec Sila. »

« Qui c'est, Sila ? »

« C'est difficile à expliquer. » Apuluk regarda sa sœur, à la recherche d'une aide, et Narua dit :

« Sila est tout. Sila est dans tout. Dans la montagne et dans le ciel, dans la glace, dans les galets de la plage et dans tous les animaux. Tout est Sila, tu comprends ? »

Leiv hocha la tête. « Ça doit être comme Dieu, dit-il, ou peut-être comme tous les dieux réunis. Mais pourquoi le chasseur en question ne s'entendait-il pas avec Sila ? »

Apuluk continua. « C'est difficile à dire, mais c'était un peu comme si Sila ne voulait pas de lui. Il avait de la malchance en tout. À la chasse, avec sa famille, avec la glace et avec le temps. Rien ne lui réussissait. Alors, son âme s'obscurcit et il devint méchant. Comme Sila l'avait abandonné, il ne pouvait pas s'empêcher de tuer d'autres gens. »

« Il s'est mis à tuer sans raison ? »

« Non, il y avait bien une raison, répondit Apuluk, puisqu'il était très malheureux à cause de cette histoire avec Sila. Mais quand il eut tué trois bons chasseurs, les autres adultes décidèrent qu'il était temps de l'arrêter. Alors ils le tuèrent et percèrent un petit trou dans son front pour que les mauvais esprits puissent partir. »

Leiv se retourna dans son sac et émit un petit gémissement à cause des douleurs à son pied.

« Mais vous ne faites jamais la guerre ? » demanda-t-il.

« Je ne comprends pas ce que tu veux dire », répondit Apuluk. Il répéta le mot que Leiv avait prononcé en islandais. « Ça veut dire quoi, guerre ? »

Leiv réfléchit longuement. Enfin il dit :

« La guerre, c'est l'absence de paix entre les gens. Certains veulent quelque chose qui appartient aux autres, et alors c'est la guerre. Et les gens continuent à se tuer jusqu'au moment où les plus forts gagnent. »

Narua s'allongea sur le dos et contempla le plafond de la tente.

« On ne connaît pas la guerre ici, dit-elle. Mais c'est peut-être parce que nous ne possédons pas beaucoup de choses. Tout ce que nous avons appartient à tout le monde, et on n'a pas la possibilité de vouloir quelque chose qui appartient à quelqu'un d'autre. »

Juste avant de dormir, Leiv murmura :

« Je suis heureux de vivre avec vous. J'ai appris à vivre comme un Être Humain. »

Apuluk répondit d'une voix ensommeillée :

« Dors maintenant, demain il va falloir beaucoup marcher. »

L'ourse

... où les enfants font une bien mauvaise rencontre dont Apuluk fera les frais, mais où ils font aussi une autre rencontre, inattendue et heureuse...

Le lendemain, les trois amis se mirent en route dans la direction où Apuluk pensait trouver l'habitat. Ils contournèrent l'endroit où le courant les avait fait accoster, gravirent la montagne pour revenir ensuite aux glaces de l'intérieur, mais en restant assez près de la côte. Leiv reposait un de ses bras sur les épaules de Narua et utilisait la hampe de son harpon en guise de béquille.

Ils n'avançaient que lentement. Il faisait chaud, le soleil brillait dans un ciel clair, et la première neige de l'automne, qui couvrait la montagne et la glace, fondait en créant de petits lacs qu'il fallait sans cesse contourner.

Ce jour-là, Apuluk harponna un phoque dans un trou de respiration. Ils avaient tous les trois très faim et mangèrent le foie encore cru et chaud, avant de trancher le reste de la viande en longues lamelles.

Apuluk tressa la viande avec une lanière et la traîna derrière lui quand ils reprirent leur chemin.

Soudain, Apuluk découvrit des traces d'ours. Il s'agenouilla et les étudia longuement.

« Il est passé il n'y a pas longtemps, dit-il. Les traces sont toutes fraîches. J'espère qu'il ne nous a pas repérés, parce que nos armes ne seraient pas très utiles contre un ours. »

Pour s'assurer que l'ours n'était pas dans les environs, Narua et lui montèrent chacun de son côté sur un petit pic couvert de glace pour observer les alentours. Pas d'ours en vue. Les traces se dirigeaient vers la mer et disparaissaient dans de vastes étendues d'eau de fonte.

« Il est sûrement parti au bord des glaces, dit Apuluk, une fois redescendu. Il y a beaucoup de phoques là-bas en cette saison. »

Mais l'ours n'était pas parti au bord de la glace. C'était une vieille femelle qui avait repéré les enfants et senti la viande de phoque que traînait Apuluk. Elle s'était cachée entre des blocs de glace amoncelés et surveillait attentivement les faits et gestes des trois humains. L'ourse avait faim. Elle était âgée, et de ce fait avait du mal à chasser le phoque. De temps à autre elle réussissait à surprendre un très jeune phoque inexpérimenté, mais ce genre de repas se faisait rare. Immobile, elle voyait les humains s'approcher. Quand ils furent à quelques mètres seulement d'elle, elle bondit vers eux avec un grognement profond.

Les enfants s'arrêtèrent net.

« Cours, cria Leiv, je vais essayer de l'avoir avec mon couteau ! »

Apuluk balança tout ce qu'il avait dans les mains et se saisit du harpon que Leiv avait sous le bras. Rapide comme l'éclair il le munit de sa pointe acérée et visa l'ourse.

« Ça ne sert à rien de courir, dit-il, elle nous attraperait en un rien de temps. »

« Balance-lui la viande », proposa Narua.

« Restez où vous êtes ! cria Apuluk. Je vais essayer de lui enfoncer le harpon quand elle sautera. »

Leiv hocha la tête. Il sortit son long couteau et le pointa vers l'ourse.

Mais la bête prenait son temps. Elle était sûre d'avoir affaire à une proie facile. Lentement elle avançait, si près maintenant qu'ils entendaient sa respiration rauque. Leiv n'avait jamais vu d'ours vivant de sa vie. Les ours ramenés à l'habitat étaient toujours déjà morts, et ils avaient un air paisible, presque sympathique.

Mais cette vieille ourse-ci était effrayante. Dans sa gueule entrouverte de longues dents jaunes brillaient à travers la bave qui coulait sur ses babines noires. Ses oreilles pointaient d'excitation, droit en l'air, et ses yeux étaient injectés de sang par la rage.

« Quand elle prend son élan, je lance », chuchota Apuluk.

L'ourse s'arrêta à quelques mètres des enfants. Elle arrondit le dos et s'apprêtait à bondir dans un saut majestueux quand Apuluk lança son harpon de toutes ses forces. La pointe du harpon s'enfonça dans la gorge de l'ourse, tandis que la hampe cassait et tombait sur la glace.

L'ourse beugla, irritée. La blessure était désagréable, mais pas mortelle. L'ourse agrippa le cordeau du harpon de ses grosses pattes et tira pour arracher de son corps cet agaçant objet. Quand l'ourse réussit à extirper la pointe en os, le sang jaillit par giclées de sa gorge.

« Je crois que j'ai percé une artère, jubila Apuluk. Regardez comme ça saigne ! »

L'ourse grogna, folle furieuse. Elle bondit en un saut pesant et alla retomber sur Apuluk qui n'eut pas le temps de s'écarter assez sur le côté.

Leiv leva son couteau et bondit droit sur le poitrail de l'ourse qui l'entoura immédiatement de ses pattes avant et enfonça ses dents dans son épaule.

« Pique-la ! » hurla Apuluk. Il était couché sous l'arrière-train de l'ourse et ne pouvait pas bouger. Mais Leiv n'arrivait pas à frapper. L'ourse bloquait ses mains comme dans un étau.

Narua avait assisté au combat, paralysée par la terreur. Mais quand elle vit Leiv entre les pattes de l'ourse, une rage telle s'empara d'elle qu'elle en oublia sa peur. Elle ramassa le manche du harpon et se mit à frapper la tête de l'ourse. Surprise, celle-ci se retourna et frappa en direction de ce nouvel ennemi d'une de ses grosses pattes. C'était juste ce qu'il fallait à Leiv. Il put enfin plier son bras et enfoncer son couteau jusqu'à la garde, là où le cœur de l'ourse lui semblait devoir se trouver.

Un instant l'ourse vacilla. Puis elle toussa deux ou trois fois. Le sang dans ses yeux disparut, et avec un gargouillement étrange elle s'écroula en avant, entraînant Leiv dans sa chute. Des soubresauts traversèrent encore son grand corps, puis elle s'immobilisa.

Il fallut du temps à Leiv et Narua pour arriver à pousser la bête morte et libérer Apuluk. Une fois Apuluk dégagé, ils se rendirent compte que ce dernier avait perdu conscience. Narua l'examina, mais à part quelques égratignures, elle ne voyait pas de blessure importante. Leiv saignait de l'épaule, là où l'ourse l'avait mordu. Des blessures rondes et profondes que Narua pansa avec des lanières de peau. Pendant qu'elle soignait Leiv, Apuluk revint à lui. Il roula sur le côté et hurla de douleur. « Ma jambe ! C'est ma jambe ! »

Narua lui retira doucement le kamik et découpa le pantalon avec le couteau de Leiv. La jambe était cassée. Cela avait dû se produire quand l'énorme arrière-train de l'ourse s'était abattu sur lui. La fracture semblait grave. La partie inférieure de la jambe était tordue et le haut du tibia sortait en dessous du genou.

« Elle est cassée, dit Leiv, il faut la remettre en place, sinon tu ne remarcheras plus jamais correctement. »

Apuluk hocha la tête, avec un sourire où pointait l'ironie du sort.

« Alors, à toi maintenant, Leiv, je vais essayer d'être aussi courageux que tu l'as été. »

Leiv dépeça l'ourse. De son énorme thorax il arracha deux côtes. Puis il revint auprès d'Apuluk.

« Maintenant, ça va faire mal », prévint-il.

Apuluk ne répondit pas. Il tourna la tête de manière à ce que sa joue touche la neige et ferma les yeux. Leiv prit la jambe cassée, étira légèrement les deux parties et essaya de les remettre ensemble comme il fallait. Apuluk n'émit pas un son. Ses yeux étaient solidement fermés, et seules les lèvres crispées montraient la douleur qu'il ressentait.

Quand Leiv eut l'impression que la fracture était correctement réduite, il posa une côte de l'ourse de chaque côté et les tint pendant que Narua serrait solidement le tout avec le cordeau du harpon. Une fois l'opération finie, elle redescendit délicatement le pantalon d'Apuluk et lui remit à la fin le kamik après en avoir ouvert le haut.

Cette nuit-là, Narua et Leiv la passèrent à fabriquer un traîneau bien glissant à partir de la peau de l'ourse. Dès la percée du soleil, ils installèrent Apuluk sur le traîneau, chargèrent les sacs de couchage et les ustensiles de cuisine sur la partie arrière et reprirent leur longue marche vers le sud.

Ils n'avançaient que très lentement. Leiv était tourmenté par la douleur, et il avait toujours du mal à poser son pied. Mais Narua était infatigable. Pas un instant elle ne se découragea. Bien que tout repose sur elle, jamais les autres n'entendirent la moindre plainte de sa part. Leiv pensa à maintes reprises que sans Narua, Apuluk et lui auraient péri depuis longtemps.

Tous les soirs, ils s'arrêtaient pour dormir quelques heures. Leiv et Apuluk faisaient le feu, tandis que Narua ramassait des brindilles. Ils ne mangeaient que très peu. Des baies gelées que trouvait Narua, un peu de varech, et de rares fois un chabot ou une morue qu'elle arrivait à pêcher dans les fentes de marée.

Un soir, elle revint au campement en racontant qu'elle avait aperçu une horde de rennes. Ils paissaient sur un coteau donnant sur un lit de rivière asséché. Elle pensait que les rennes ne l'avaient pas flairée.

Apuluk proposa que Leiv et elle essayent de les surprendre. Avec un peu de chance, il se trouvait peut-être un animal âgé dans la horde qui aurait du mal à suivre les autres.

Les rennes se trouvaient bien là où Narua l'avait dit, et ils se glissèrent silencieusement au plus près d'eux.

« Il n'y a pas de vieux renne dans cette horde », chuchota Narua, déçue.

Le regard affamé de Leiv suivait les animaux.

« Essaye de les surprendre par-derrière, dit-il. Si tu arrives à les faire partir dans ma direction, j'arriverai peut-être à en avoir un avec mon couteau. »

Narua acquiesça et se mit tout de suite à contourner la horde en rampant. Comme un serpent, elle avançait dans la bruyère, en s'efforçant d'être aussi silencieuse que possible, sans pouvoir éviter que des branches sèches ne cassent sous son poids. Les rennes ont l'ouïe très fine : ils se mirent à jeter des regards inquiets autour d'eux. Narua s'immobilisa. Elle vit les bêtes se figer, et flairer dans le vent. Puis, soudain elle perçut un sifflement, entendit un claquement sourd et vit un grand renne sursauter puis ensuite s'écrouler, inerte, sur le sol.

Elle regarda vers Leiv. Il s'était levé et fixait le flanc de coteau. Narua se leva et se mit à courir vers lui. Mais avant qu'elle ne l'ait rejoint, Leiv s'était mis à courir vers le renne mort, aussi vite que son pied le lui permettait. Il agitait son couteau en l'air et hurlait un mot qu'elle ne comprenait pas.

« Thorstein ! Thorstein ! »

Le garçon qui voulait devenir un Être Humain

... où Leiv fait son choix.

Narua regarda d'un air curieux autour d'elle dans la grande maison. Elle était assise sur une étroite couchette, où l'on avait installé Apuluk, porté jusque-là par les frères de race de Leiv. La maison était plus grande qu'aucune maison qu'elle eût jamais vue. C'était là une gigantesque salle où tous les humains se rassemblaient, et cette salle continuait vers un bâtiment plus bas où les animaux domestiques étaient enfermés dans des petites stalles.

Elle écoutait les nombreuses voix étrangères en pensant que si Leiv n'avait pas été là, elle aurait été morte de peur.

Thorstein de Stockanæs écouta attentivement Leiv raconter son sauvetage et sa vie chez les Inuit. Quand Leiv eut fini, il dit :

« Tu nous as raconté beaucoup de choses sur ces gens que nous avons toujours traités de *skrællings*, et je crois que nous avons appris quelque chose de ton récit. Je vais maintenant raconter ce qui s'est passé dans les glaces, il y a trois ans. » Et puis Thorstein raconta leur miraculeux sauvetage.

Son drakkar avait effectivement sombré, pressé par les glaces, mais cela ne s'était pas passé aussi rapidement que l'on aurait pu craindre. Ils avaient eu le temps de descendre bêtes et gens sur la glace, et par chance ils s'étaient trouvés tout près d'une très grosse plaque qui résistait à la pression des plaques environnantes.

Les deux autres bateaux étaient vilainement endommagés, mais continuaient à flotter, malgré les nombreuses planches à clins défoncées. Une fois la tempête un peu calmée, ils avaient réussi à s'approcher de la plaque où se trouvait Thorstein, et c'est comme ça que son équipage et lui avaient pu être sauvés.

Puis, ils avaient gagné Vestribyggd, le Hameau de l'Ouest, pour y réparer les bateaux. L'année suivante, ils avaient trouvé cette vallée et construit leur ferme, nommée Stockanæs comme celle qu'ils avaient quittée en Islande.

Quand Thorstein eut achevé son récit, il effleura de la main le bras de Leiv.

« Tu as grandi, dit-il avec un sourire, tes bras seront bientôt presque aussi longs que les miens. »

Leiv rougit un peu. Il se souvenait du contrat passé entre eux.

« Il faut qu'ils poussent encore un peu, murmura-t-il, et je doute qu'ils arrivent jamais à devenir aussi longs que les tiens. »

« La paix doit régner entre nous, dit Thorstein, et la paix doit régner entre nous et tes amis inuit. »

Il se leva et détacha son épée. Puis il alla vers Apuluk, sortit l'épée de son fourreau et la tendit à Apuluk. Apuluk la reçut, il en examina méticuleusement le tranchant, la soupesa dans ses mains et la rendit ensuite à Thorstein en secouant la tête.

« Dis-lui que je lui offre », dit Thorstein.

Leiv traduisit, mais Apuluk continua à secouer la tête.

« Ça ne peut pas me servir, dit-il à Leiv dans sa langue, elle est beaucoup trop grande, beaucoup trop lourde, il vaut mieux qu'il la garde. »

Leiv traduisit.

« Les Inuit ne se servent pas d'épée, expliqua-t-il. Parce qu'ils ne font jamais la guerre. Donne-lui ton couteau, Thorstein, il peut s'en servir pour la chasse. »

Thorstein posa l'épée sur la table et dégaina son couteau. Et au large sourire qui éclaira le visage d'Apuluk, il comprit que c'était là un cadeau qui convenait.

« Et la fille, qu'est-ce qu'elle souhaite ? » demanda-t-il à Leiv.

Leiv regarda Narua. Elle était en train de contempler le couteau d'Apuluk, les yeux brillants.

« Tu désires quelque chose, Narua ? »

Elle secoua la tête sans répondre.

« Il doit bien y avoir quelque chose qui te ferait plaisir, insista Leiv. Tu veux un couteau aussi ? »

« Non. » Narua jeta un regard vers les femmes qui étaient assises autour de la table, en train de coudre. « Peut-être une aiguille, comme celle-ci », chuchota-t-elle.

Leiv traduisit, et Thorstein éclata de rire. Il passa le bras par-dessus la table, prit la boîte à couture d'une des femmes et la posa sur les genoux de Narua. Elle la regarda, effrayée. Puis, elle ouvrit la boîte et en sortit une aiguille. Après l'avoir examinée longuement, elle la cacha dans son toupet noir. Puis elle expliqua à Leiv qu'une telle aiguille était un cadeau merveilleux. C'était une aiguille extraordinaire qu'elle pourrait aiguiser chaque fois que cela serait nécessaire, et qui sûrement durerait toute sa vie. Et elle n'en avait besoin que d'une, puisqu'elle ne pouvait pas utiliser plusieurs aiguilles à la fois.

Thorstein, pensif, reprit la boîte, et la reposa sur la table.

« Un peuple étrange, murmura-t-il, un peuple admirable à tout point de vue. » Il regarda Leiv.

« Hum. Je suppose que tu restes ici à Stockanæs, Leiv ? » Il reprit son épée et la rattacha à sa taille.

Leiv regarda cette épée, et il eut le sentiment de contempler un passé cruel et dénué de sens. Puis, il regarda Narua et Apuluk, et se sentit envahi par une grosse bouffée de bonheur.

« Non, dit-il. Mais je reste au Groenland. »

LIVRE 2
LEIV, NARUA ET APULUK

Des jours paisibles à Stockanæs

... où l'on fait connaissance avec Rollo, médecin efficace, chasseur adroit, grand bavard, mais aussi moine plein de zèle...

Le passage de l'hiver au printemps peut se révéler particulièrement merveilleux. Surtout au Groenland. Les jours rallongent, l'air devient un brin plus doux, et tout ce vaste monde figé se ranime.

D'abord arrivent les bruants de neige, l'avant-garde du printemps. Ils progressent en hordes et se rassemblent souvent à proximité des maisons des hommes pour se nourrir de leurs déchets.

Dans la partie sud du Groenland où Leiv et ses deux amis groenlandais étaient hébergés chez le fermier Thorstein Gunnarsson suite à leur mésaventure sur la banquise – on se souvient qu'après avoir dérivé sur une plaque de glace, les trois enfants avaient dû affronter une ourse, incidents qui avaient valu à Leiv de perdre deux orteils et à Apuluk d'avoir la jambe fracturée – le printemps était vraiment prodigieux. La lumière était d'un coup si forte qu'il fallait plisser les yeux pour ne pas en souffrir. C'était une lumière tranchante que réfractaient la neige et la glace. Leiv, qui était originaire d'Islande, n'était pas habitué à tant de neige. Il avait le sentiment de vivre dans un monde intégralement façonné de cristaux de glace, et cette beauté, qui pour Apuluk et Narua faisait partie du quotidien, tenait pour Leiv du miracle. Jamais il n'aurait cru que quelque chose puisse être aussi beau que ce paysage arctique illuminé par le frais soleil de printemps.

Leiv vivait au Groenland depuis bientôt trois ans. Bien que sa famille en Islande lui manquât de temps à autre, il n'avait pas la moindre envie d'y retourner. Thorstein lui avait à plusieurs reprises proposé une place sur un bateau en partance pour l'Islande, mais chaque fois Leiv avait décliné l'invitation. Il avait encore tant de choses à vivre au Groenland ! Plus que tout, il avait envie de faire le long voyage au nord, vers cette partie du pays où le soleil ne se couche jamais en été, à en croire ce que les Inuit lui avaient raconté.

Shili, le vieux chaman, qui lui-même avait parcouru des distances immenses, avait décrit ce monde incroyable du Nord, un monde si giboyeux que personne n'y souffrait jamais de famine.

Quand Leiv, Narua et Apuluk avaient été retrouvés par Thorstein et ses hommes, ils étaient bien mal en point. Surtout Apuluk, grièvement blessé parce que l'ourse qu'ils avaient abattue lui avait cassé la jambe à plusieurs endroits.

Les premiers jours, il dormit beaucoup. Il n'était réveillé que par sa jambe qui lui faisait trop mal. Il regardait alors autour de lui, l'air tourmenté. Dans ces moments-là, tout lui semblait étrangement dilué et flou à cause de la fièvre. Mais dès qu'il sentait que Leiv, ou sa sœur Narua, étaient auprès de lui, il se calmait et se rendormait.

Rollo, un moine envoyé par l'évêché de Gardar, séjournait alors chez Thorstein. Il soigna Apuluk et combattit sa fièvre à l'aide d'une potion d'herbes. Il avait posé de longues attelles contre la jambe du jeune Inuk et les avait serrées avec des lanières de cuir. Des compresses, faites de poches de bure remplies de glace, avaient très vite calmé les douleurs.

Le printemps est une période très active au Groenland. À cette époque-là comme aujourd'hui. Parce qu'au printemps les hommes retrouvent une nouvelle énergie et ont le sentiment de pouvoir rattraper toute la nonchalance du long hiver : c'est le moment de mettre de l'ordre, de réparer les maisons, de chasser et de faire des provisions pour l'hiver à venir.

Tout le monde à la ferme participait, du plus jeune au plus vieux. Le moine Rollo aussi se rendait utile. Il partait à la chasse avec les hommes au fond du fjord, et bien que de petite taille et de constitution frêle, il faisait partie des meilleurs chasseurs. Rollo aimait les animaux, aussi ne lançait-il son harpon ou ne décochait-il sa flèche que lorsqu'il était sûr de toucher sa cible. Souvent, il réprimandait vertement les valets de ferme qui mutilaient les animaux. Thorstein lui-même en prit pour son grade un jour où il blessa un phoque qui s'enfonça dans les profondeurs, une longue traînée de sang derrière lui.

Et Rollo parlait sans arrêt. Il parlait de tout ce qu'il y avait entre terre et ciel et même de ce qu'il y avait sous la terre sur laquelle ils marchaient, et au-dessus du ciel sous lequel ils vivaient. Il expliquait les mœurs du gibier qu'il connaissait presque aussi bien qu'Apuluk, il parlait de la mer, de la glace, il prédisait le temps. Quand il était seul avec Leiv et ses deux amis inuit, il parlait souvent de son dieu qui était le plus grand de tous les dieux. Quand il parlait de Dieu, il voulait à tout prix que Leiv traduise ses mots en inuit.

Leiv aussi était chrétien. Comme son père l'avait été, et son grand-père et le père de celui-ci. Avant eux, les membres du clan Steinursson avaient cru aux anciens dieux Thor et Asa, Odin, Freja et toute la clique. Et si le dieu de Rollo, pour une raison ou une autre, faisait défaut, on pouvait toujours appeler à la rescousse les anciens. Narua et Apuluk, par contre, étaient païens. Ils ne croyaient ni au dieu de Rollo ni aux anciens dieux vikings. Au fond, ils n'avaient pas à proprement parler de véritable dieu vers qui se tourner. Leur monde était peuplé d'esprits bons et mauvais. Les bons esprits, on pouvait à peu près les ignorer puisque de toute façon ils étaient bons ; quant aux mauvais, on faisait de son mieux pour rester dans les meilleurs termes avec eux.

Rollo tenait à entretenir les deux enfants inuit du Christ et de ses actes. Il leur parlait du paradis des chrétiens qui se trouvait quelque part dans le ciel et où tout était merveilleux. Il leur parlait aussi de l'enfer sous la terre, du grand feu où Satan faisait rôtir les malheureux qui n'étaient pas chrétiens.

Narua frissonnait chaque fois qu'elle entendait parler de l'enfer. Elle demanda à Leiv s'il ne lui semblait pas préférable pour elle de se faire chrétienne, parce qu'elle n'avait aucune envie de griller dans le grand feu de Satan là-bas dessous. Leiv ne savait que répondre. Il croyait dur comme fer à ce que racontait Rollo, et lui non plus n'avait aucune envie de voir Narua et Apuluk griller en enfer après leur mort.

Apuluk, lui, restait sceptique.

« Ce petit homme parle avec plus d'une langue, dit-il. Tout le monde sait que le ciel est un endroit froid et désertique où montent seulement les têtes pendantes, ces malheureux qui, de leur vivant, ont démérité et sont condamnés à y errer, et que sous la terre, il fait chaud, qu'il y fait bon vivre et que la chasse y est bonne. »

« Mais Rollo nous assure que c'est comme il le dit », protesta Leiv.

« Rollo peut se tromper, répondit doucement Apuluk. Il n'est qu'un homme et ne sait rien de plus qu'un homme. »

« Mais Dieu, c'est quoi alors ? »

Apuluk haussa les épaules. « Je suppose que personne ne le sait. Je crois que c'est tout. Nous les Inuit, nous avons Sila. Sila, c'est le temps, c'est la montagne, les rochers, l'herbe – tout. Je crois que Dieu, c'est ça. »

« Alors, tu ne crois pas au grand feu sous la terre ? » demanda Narua, la voix ragaillardie.

« Non, ni à ça, ni au paradis de Rollo. Je crois simplement qu'il existe le bien et le mal. Le vieux Shili, qui fut un grand chaman, connaît la plupart des bons et mauvais esprits. Il a fait des voyages jusqu'à la lune et en d'autres endroits où le commun des mortels n'a jamais mis les pieds. Et il n'a jamais parlé d'une rencontre avec le dieu de Rollo. »

Les mots d'Apuluk apaisèrent Narua pour un temps. Quand son grand frère parlait des nombreux esprits des Inuit, elle se prenait à douter au sujet du Christ. Elle connaissait le vieux monde avec lequel les Inuit avaient toujours vécu, et elle n'arrivait pas vraiment à assimiler ce nouveau dieu qui vivait dans un pays inconnu des hommes et si loin qu'on avait du mal à croire qu'il puisse vraiment exister.

« Il vaut peut-être mieux que tu gardes le dieu que tu connais, dit-elle à Leiv, et que nous, nous gardions nos esprits. »

Leiv hocha la tête. Il savait combien les Inuit étaient ancrés dans leur monde d'esprits fantastiques, et il ne souhaitait pas imposer sa religion à ses deux amis.

Mais le moine, lui, ne renonçait pas si facilement. Il continua à prêcher les enfants, et un jour il fut sur le point de convaincre Narua de se faire baptiser.

Un samedi éprouvant pour Narua

... où, dans le même après-midi, Narua croise un taureau, un tas de fumier et l'enfer...

Thorstein Gunnarsson avait réussi à se bâtir une ferme de belle taille depuis son arrivée au Groenland trois ans auparavant. Les bâtiments étaient dispersés sur un vaste terrain et se fondaient presque dans le paysage.

Il y avait six bâtisses : trois bergeries, deux granges et une maison d'habitation. Cette dernière était rattachée à l'étable. C'était une grande maison avec maintes pièces, parce que Thorstein avait un certain nombre de valets et de filles de ferme, ainsi que quelques esclaves. Tout ce beau monde vivait dans la maison principale, construite de tourbe brune et de pierres grises et plates. Le toit était couvert de tourbe et s'arrondissait joliment au-dessus des murs épais.

Dans la maison, il y avait une pièce pour les valets, une pour les filles, une pour les non-affranchis comme on appelait aussi les esclaves, et enfin une grande chambre pour Thorstein, sa femme Helga et leur petite fille qui n'avait que cinq ans et s'appelait

Frida. Frida était muette de naissance. Il y avait aussi un grand cellier où l'on conservait et préparait la nourriture, avec « le long feu », foyer surmonté d'une ouverture dans le toit, ainsi qu'une grande salle commune, la halle, où se trouvait le métier à tisser d'Helga.

Au bout de la maison il y avait une autre pièce, petite certes, mais très prisée par les Norrois, l'étuve. Dans l'étuve en question, se trouvaient un grand âtre garni d'un bloc de granit, une bassine emplie d'eau à jeter sur les pierres brûlantes, et une longue couchette en bois où l'on pouvait s'allonger et laisser son corps transpirer dans les vapeurs brûlantes.

Tous les samedis, on chauffait l'étuve.

Leiv adorait y aller, et il passait son temps à essayer d'y entraîner Apuluk et Narua. Mais ni l'un ni l'autre n'en avaient vraiment envie. Les deux enfants inuit n'avaient jamais essayé ce genre de baignade. Quand ils se baignaient, c'était toujours dans un petit lac de montagne où l'eau était si froide que leur peau en devenait bleue et cloquée. Raison pour laquelle, d'ailleurs, ils ne se baignaient qu'une ou deux fois par an.

À la ferme de Thorstein, on avait un jeune taureau enfermé dans un enclos derrière la maison d'habitation. Ce taureau était arrivé au Groenland tout jeune taurillon trois ans auparavant, et le long voyage dramatique l'avait rendu un peu fou. C'était maintenant un grand taureau superbe, presque noir et doté de longues cornes pointues. La seule personne à oser pénétrer dans l'enclos était Thorstein. Il admettait toutefois ne le faire que le cœur battant et un gros bâton à la main.

Un beau jour, le taureau parvint à ouvrir le portail de l'enclos avec ses cornes. Il s'aventura au-dehors à la recherche de quelqu'un à qui s'attaquer.

Narua, qui était en train d'aider Helga dans le cellier, se rendait à ce moment précis au tas de fumier avec un seau de déchets. Et comme elle était apparemment la seule chose à bouger dans les environs, le taureau poussa un beuglement rauque et se rua vers elle.

Narua sentit la trépidation des sabots sur le sol rocheux. Quand elle tourna la tête, elle vit l'énorme bête enragée charger, la tête au ras du sol.

Elle jeta le seau, poussa un hurlement, et sauve qui peut ! Direct dans le tas de fumier. Au bout de quelques enjambées, elle s'enfonça jusqu'aux genoux. Mais pour échapper au taureau, elle se jeta en avant et plongea dans le grand tas puant.

Le taureau planta ses pattes avant dans le sol pour s'arrêter. Cailloux et gravier giclèrent au-dessus de Narua. Le taureau tâta le fumier de ses pattes avant, grogna d'un air irrité et secoua nerveusement sa grosse tête. Narua s'enfonça aussi profondément qu'elle le put dans le fumier, à ce point terrorisée qu'elle ne sentait même pas la puanteur dans laquelle elle baignait.

Combien de temps resta-t-elle ainsi ? Elle ne le sut jamais. Chaque fois qu'elle relevait un peu la tête à la recherche d'aide, le taureau labourait le sol de ses pattes et beuglait rageusement. Elle espérait de tout son cœur qu'Apuluk ou Rollo reviennent vite de la plage où ils étaient en train de retourner le poisson qui séchait sur les rochers. Parce qu'elle savait qu'elle ne pouvait attendre aucune aide des autres habitants de la ferme. C'était samedi soir, et tout le monde était dans l'étuve.

Au bout d'un long moment, Rollo remonta vers la ferme. Il marchait en frappant le sol de son bâton, ce qui détourna un instant l'attention du taureau. Il découvrit alors le moine, beugla, histoire de déclarer les hostilités, et démarra en trombe.

Rollo se figea. Il regarda autour de lui, indécis, balança son bâton et fit un saut athlétique pour se réfugier sur la toiture basse de la grange à foin. Le taureau essaya d'y monter derrière lui, mais le bord de la toiture céda, et le taureau chuta lourdement.

Narua en profita pour filer. Elle roula jusqu'au bas du tas de fumier et courut à toute vitesse jusqu'à la maison. Elle faillit renverser Helga qui sortait à ce moment-là de l'étuve pour aller se rincer à l'eau froide de la citerne près de la porte.

« Ben ma jolie ! » Helga regarda Narua, effarée. « De quoi t'as l'air ? Et tu pues comme une charogne ! »

Narua montra du doigt la grange où c'était maintenant au tour de Rollo d'être tenu en respect par le taureau.

« Il s'est échappé ? » Helga agrippa résolument Narua par le bras et la tira à travers la maison. Dans la halle, elle lui retira tous ses vêtements. Puis, elle ouvrit la porte de l'étuve et l'y poussa.

« Le taureau s'est échappé », dit-elle à Thorstein. Elle rit. « Il a coincé Rollo sur le toit de la grange. »

Tout le monde dans l'étuve éclata de rire. Thorstein se leva et sortit. Il revint peu après.

« Pas de problème avec Rollo, dit-il en rigolant. Il est confortablement installé sur le toit, en train de hurler à la bestiole des tas de mots qu'un homme de Dieu ne devrait pas connaître. » Il se tourna vers Narua.

« Qu'est-ce que tu pues, ma fille ! Frotte-la vigoureusement, Helga, enlève-lui cette puanteur de fumier. »

Narua était à ce point sous le choc qu'elle ne se rendit pas compte de ce qui lui arrivait avant d'être au milieu de l'étuve. Mais quand l'air brûlant s'abattit sur elle et que la lourde vapeur lui emplit les poumons, elle retrouva ses esprits. Elle haleta de terreur et regarda autour d'elle, effrayée.

La grande couchette était couverte de corps nus. Elle entrevoyait comme à travers un brouillard les grands corps rouges et luisants de sueur, devinait les rires sur les visages surchauffés, et percevait un murmure de voix. Soudain, elle vit un bras s'avancer pour prendre une écuelle, vit l'écuelle se remplir d'une eau qui fut immédiatement jetée sur les grosses pierres. Et des pierres remonta un épais nuage, accompagné d'un terrible sifflement sous le plafond bas. Une chaleur épouvantable s'abattit sur le corps nu de Narua.

Elle se tourna, suppliante, vers Helga qui avait commencé à la frotter avec une verge de brindilles de bouleau. Elle était convaincue que cette pièce derrière la salle commune n'était autre que cet enfer dont Rollo parlait tant, l'endroit où Satan grillait vifs les païens.

« Je vais devenir chrétienne, pleurnicha-t-elle à Helga. Je ferai tout ce que Rollo me dira. »

Sans y prêter attention, Helga se contenta de sourire, hocha la tête et continua à frotter. Elle fit tourner Narua sur elle-même, de sorte que celle-ci se trouva face à la porte, et commença à nettoyer son dos et sa nuque. D'un coup, Narua s'arracha, ouvrit violemment la porte et se rua à travers la maison. À toute vitesse, elle dévala le long couloir, ouvrit la porte d'entrée et courut aussi vite que ses jambes le lui permettaient autour de la maison. Une seule chose comptait : fuir l'enfer dans lequel elle venait de plonger.

Narua courut vers le flanc de montagne derrière la maison. Elle fila comme un lièvre apeuré et continua jusqu'au lac où l'on allait chercher l'eau pour la ferme. Elle s'enfonça dans le lac, laissa l'eau glacée chasser de son corps la chaleur de l'enfer. Elle était là, l'eau jusqu'au cou, lorsque Leiv, essoufflé, arriva à sa rencontre. Il était allongé sur la couchette, somnolant, quand Helga était entrée avec elle, et il l'avait entendue d'une oreille distraite promettre de devenir chrétienne.

« Qu'est-ce que tu fais ? » demanda-t-il, étonné. Il s'accroupit au bord du lac.

« Je veux bien devenir chrétienne, bégaya Narua, pourvu que personne ne me ramène en enfer. »

« En enfer ? »

« Oui, la pièce derrière la halle. »

Leiv rit. « Mais ce n'est que l'étuve. Tu croyais que nous avions tous échoué en enfer ? »

Narua hocha la tête. Elle se leva et pataugea vers Leiv.

« Il faut que je me fasse baptiser tout de suite ? » demanda-t-elle, apeurée.

Leiv secoua la tête. « Non, je ne crois pas que tu doives faire ça. Il vaut mieux le vouloir vraiment. Tu ferais sans doute mieux de continuer à croire en vos esprits. Mais tu as peut-être envie de te faire baptiser ? »

« Pas vraiment, répondit Narua. Mais j'ai tellement peur de votre enfer. »

« Si l'enfer n'est pas plus terrifiant que l'étuve de Thorstein, j'ai rien contre le fait d'y aller », ajouta Leiv en rigolant.

Narua sourit. « Tu n'as pas de vêtements. »

Leiv la regarda. « Toi non plus. Je crois qu'on était un peu pressés quand on a quitté la ferme. » Il lui tendit la main. « Viens, allons dans l'étuve nous réchauffer. »

« Ah, ça ! Jamais ! répondit Narua. Jamais de la vie ! »

Le court été arctique

... où l'on jouit du soleil tout en préparant le prochain hiver, jusqu'au jour où s'approche un inquiétant bateau...

Le soleil était de plus en plus haut dans le ciel. Dans le fjord, la glace commençait à se dégrader et il était dangereux de s'y aventurer. La neige avait fondu, laissant la terre à nu, et le court été arctique avait démarré.

Les prairies autour de la ferme se couvraient de verdure, et dans les murs en tourbe, de petites touffes d'herbe poussaient, de l'herbe rêche, ainsi que diverses petites plantes que collectait Rollo pour les sécher et les garder pour l'hiver.

Sur les flancs de montagnes derrière la ferme, une couverture de bruyère en camaïeu s'étalait, montant lécher les sommets encore couverts de neige. Une multitude de fleurs jaillissaient du sol, des saxifrages, de l'orpin rose, des renoncules et des coquelicots.

L'été était sur le point de culminer à Stockanæs. Tous les jours, Rollo aidait Apuluk à sortir au soleil. Le garçon passait la majeure partie de la journée à profiter de la chaleur, tout en fabriquant de nouvelles flèches pour son arc ou en réparant des harpons et des couteaux à dépecer pour les valets de Thorstein.

S'appuyant sur Rollo, il descendait de temps en temps jusqu'à la plage pour aider à étaler le poisson séché sur les rochers chauffés par le soleil.

Tout le monde à la ferme de Stockanæs aimait bien ce doux garçon inuit. On savait que c'était grâce à Narua et lui que Leiv était encore en vie. Sans eux, Leiv serait mort de faim et de froid quand il s'était échoué sur la plage après le naufrage du drakkar de Thorstein, il y avait de cela presque trois ans.

Narua et Leiv aidaient à la ferme. Narua était souvent avec Helga dans le cellier, et ne cessait de s'étonner de la nourriture étrange des Norrois. Elle était si différente de ce que son peuple à elle mangeait, même si la viande provenait souvent des mêmes animaux.

Mais ce qu'elle détestait le plus, c'était probablement le lait caillé qu'Helga préparait tous les jours. Cela s'appelait du *skyr.* C'était acide et vraiment écœurant, selon Narua.

Leiv participait à la chasse avec les hommes. Mais il découvrit rapidement que les Norrois étaient à la fois plus lents et moins habiles que les Inuit. Il en vint à penser que cela venait de leurs armes. Elles étaient lourdes, difficiles à manier, et ne pouvaient pas rivaliser avec celles des Inuit. Il essaya d'apprendre à Thorstein et à ses hommes l'utilisation des armes des Inuit. Il proposa la construction de bateaux légers en peau, beaucoup plus rapides et faciles à manœuvrer que les lourds bateaux en bois dont se servaient les Norrois. Mais personne parmi eux n'avait envie d'apporter des modifications aux méthodes habituelles.

Voilà pourquoi c'était toujours Leiv qui ramenait les plus belles prises. Chaque fois que l'on tirait le butin de Leiv à terre, Apuluk pouffait de plaisir.

Les jours passaient vite tant il y avait de choses à faire. Et avant qu'on ait eu le temps de s'en rendre compte, la moitié de l'été était passée. Il était temps de récolter le foin et des combustibles pour l'hiver à venir. Les combustibles consistaient en brindilles de bruyère et en bois flotté. On entassait le tout derrière la plus grande des bergeries, avec de gros tas de tourbe que les valets extrayaient des marais à proximité.

Le foin était très important pour les Norrois. Sans foin, les chevaux, le bétail, bovins ou ovins, étaient condamnés à crever au cours de l'hiver. C'est pourquoi Thorstein et ses hommes passaient dans toutes les vallées pour couper l'herbe. Elle ne poussait que parcimonieusement ici et là, et souvent il fallait marcher une journée entière pour trouver des prairies assez grasses.

Dès que l'herbe était sèche, et cela arrivait très vite dans les fjords abrités, on refaisait le tour pour la ramasser.

C'est seulement quand Thorstein avait tant de foin sous son toit qu'il pouvait être absolument sûr d'en avoir pour tout l'hiver, aussi rigoureux et aussi long puisse-t-il être, qu'on se reposait.

De jour en jour, l'état de la jambe d'Apuluk s'améliorait. Au milieu de l'été, le moine enleva les attelles. Tous les jours, il frottait et massait de ses doigts maigres et nerveux les muscles étiolés, et Apuluk fut rapidement capable de marcher seul à l'aide des béquilles que Rollo lui avait confectionnées à partir de morceaux de bois flotté.

De temps à autre, Apuluk s'asseyait sur les rochers qui avançaient dans la mer, et de plus en plus souvent il réussissait à harponner des poissons qui jouaient imprudemment aux flancs des rochers.

Un jour, Leiv vit un grand bateau de charge pénétrer dans le fjord. Il avait déjà vu ce type de bateaux en Islande, et savait qu'on les utilisait pour les grands raids sur l'Angleterre et l'Irlande. Il cria à l'adresse de Thorstein qui se trouvait dans la forge de la ferme. Thorstein sortit et regarda dans la direction que Leiv lui indiquait.

« Ce sont des pirates ? » demanda Leiv. Il avait entendu dire que les gens d'Eystribyggd avaient plusieurs fois eu affaire à des pirates qui avaient brûlé des fermes et pris les gens pour s'en servir comme esclaves.

Thorstein secoua la tête.

« Non, dit-il, c'est Grimur Thorleifsson. Il est déjà venu ici une fois, juste à notre arrivée. On dit que c'est un homme cruel et dur, qui souvent sème le trouble là où il va. »

Rollo sortit de la maison. Il s'accroupit à côté d'Apuluk.

« Grimur n'est que stupide et mal dégrossi, dit-il. C'est son frère, Rane, qui est dur et méchant. »

« Mais que viennent-ils faire ici ? » demanda Leiv.

Rollo secoua la tête. « Personne ne le saura avant qu'ils ne soient repartis. Peut-être veulent-ils simplement savoir comment nous allons. »

Leiv regarda le grand bateau avec curiosité.

« Je n'ai jamais entendu parler de bateaux aussi larges dans notre coin », dit-il.

« Ça fait bien longtemps, en effet, répondit Rollo. Mais ces deux frères-là sont presque toujours en mer. Ils sont allés plusieurs fois en Norvège, ils ont fait des ravages en Irlande, et il y a quelques années ils ont participé à un voyage jusqu'au Markland, de l'autre côté de la grande mer. »

« Mais où se trouve leur ferme ? »

« Dans le sud, répondit le moine. Ils ont établi une colonie pas très loin de Gardar. Leur arrière-grand-père s'était approprié des terres à cet endroit-là. C'était un *godi*, c'est-à-dire un chef de clan, et un des derniers païens à se laisser convertir au christianisme. »

Leiv n'arrivait pas à détacher ses yeux du bateau. Il était vraiment joliment construit. Étrave et étambot portaient des ornements magnifiques ; il y avait de nombreux trous de nage pratiqués dans les bordés pour les rames, et de la fosse de cargaison au milieu du bateau s'élevait le mât. Il entendit de grands cris et vit quelques hommes abattre la grosse voile rayée. Les autres hommes à bord prirent place sur les coffres qui tenaient lieu de bancs de nage, et tournèrent lentement le bateau de manière à ce que la redoutable tête de dragon qui en décorait l'étrave soit dirigée vers la terre.

Une visite plutôt tendue

... où le couteau de Leiv et les flèches d'Apuluk entrent dans la danse...

Tout ce qui pouvait marcher ou ramper à Stockanæs s'était rassemblé sur le rocher où le bateau étranger accosta.

Narua se tenait tout près de Leiv. Elle contemplait avec étonnement les grands hommes barbus qui étaient alignés en deux rangs, chacun avec sa rame. Elle était comme perdue à la vue de tout ce qui lui était inconnu à bord du bateau, et elle sursauta de terreur quand un géant à la barbe rousse tombant jusqu'à la poitrine sauta à terre, suivi d'un mince et bel homme habillé d'un pantalon étrangement bouffant et d'une sorte d'anorak dont l'une des manches manquait. C'étaient les frères Thorleifsson. Les deux inséparables. La rumeur courait au Groenland que ce n'était qu'ensemble qu'ils formaient un homme entier. Grimur sans Rane était dépourvu de cerveau, et Rane sans Grimur était privé de force physique.

Narua les regarda en frissonnant. Elle se souvenait des bateaux qu'Apuluk et elle avaient vus sur la mer à la hauteur de Simiutat, il y avait longtemps de cela, et elle comprenait maintenant pourquoi son père et les autres de son clan avaient cherché à s'éloigner le plus possible de ces hommes.

Grimur salua Thorstein avec une politesse obséquieuse.

« On passait par ici, dit-il de sa voix tonitruante, et on a eu envie de goûter à la bière de la ferme de Stockanæs. »

Thorstein sourit. « Tout le monde est bienvenu à Stockanæs, dit-il, mais nous n'avons pas de bière. »

Le frère, Rane, ne dit rien. Il était debout derrière le géant, sans mot dire, mais souriant. Un sourire détestable, pensa Narua, un sourire qui n'atteint pas les yeux. Le regard de Rane passa rapidement par-dessus les hommes de Thorstein et continua vers les granges qui regorgeaient du foin nouvellement récolté.

Grimur se tourna vers son frère qui montrait la grange du doigt.

« Ah, je vois que vous avez de grandes quantités de foin ici à Stockanæs », tonna Grimur avec enthousiasme.

Thorstein regarda vers son tas de foin. « Nous en avons beaucoup, mais pas plus que ce qu'il nous faut pour passer l'hiver », dit-il.

« Dommage. » Grimur secoua de dépit sa grosse tête. « Parce que des chenilles ont bouffé notre herbe, et il nous faut du foin avant l'arrivée de l'hiver. »

« Ici, il n'y a rien dont on puisse se passer », répondit Thorstein.

Grimur regarda les hommes de Thorstein. Puis, il éclata de rire, et les hommes dans le bateau se joignirent à son rire.

Rane, lui, se contentait toujours de sourire. Ses yeux erraient de visage en visage, et soudain il vit Narua qui se cachait à moitié derrière Leiv. Il alla d'un pas rapide jusqu'à elle.

« Ah, je vois que tu t'es attrapé une *skrælling*, Thorstein Gunnarsson. Mais je suppose que tu t'es rendu compte que, même comme esclave, ça vaut rien, ça ? »

Thorstein ne répondit pas. Il observait attentivement Grimur et les hommes dans le bateau.

Rane continua : « Nous en avons attrapé plein, de ces demi-portions, mais nous avons toujours été obligés de les raccourcir encore d'une tête à cause de leur mauvaise volonté. » Il avança une main et saisit Narua par les cheveux. « J'ai une sale habitude avec ces *skrællings*, rit-il, je les préfère sans tête. » Il renversa la tête de Narua, et de sa main libre chercha l'épée qui pendait à sa ceinture. Mais avant qu'il ait eu le temps de la dégainer, Leiv était sur lui. Il avait sorti son long couteau d'un geste sec et rapide et l'avait pointé sans hésiter contre la gorge de Rane.

« Lâche-la ! » hurla-t-il, furieux.

Rane haleta, surpris. Il lâcha les cheveux de Narua et laissa retomber ses bras le long de son corps. Le sourire ne quitta pas sa bouche.

Grimur poussa un beuglement. Il saisit son épée. Leiv lui cria :

« Plus ton épée sort de son fourreau, Grimur, plus mon couteau rentre dans la gorge de Rane. »

Grimur laissa sa main reposer sur le manche de l'épée. Il grogna comme un chien furieux et fixa Leiv de ses yeux injectés de sang.

Thorstein fronça les sourcils de rage. « Personne n'a le droit de faire preuve de violence contre les Inuit ici à Stockanæs, dit-il. Si ton frère a ce genre de mauvaises habitudes, vous n'êtes pas les bienvenus à la ferme. »

Grimur ne répondit rien. C'était comme s'il n'avait même pas entendu ce qu'avait dit Thorstein. Il restait figé comme une colonne de pierre, une main sur le pommeau de son épée, l'autre sous la toge qu'il portait sur les épaules. Il était devant Thorstein, son corps de géant cachant Leiv et Rane.

Un des hommes du bateau avait réussi à se glisser par-dessus le bastingage. Sans que personne ne l'aperçoive, il avança sur la plage, et à quelques pas de Leiv, il bondit en levant sa hache pour l'abattre sur le dos de Leiv. Mais avant qu'il ait eu le temps d'accomplir son méfait, on entendit un sifflement et un claquement sec. L'homme s'effondra sans un bruit, transpercé par une flèche.

Grimur se réveilla de sa torpeur. Il hurla de rage à la vue de son guerrier mort. Rane loucha vers le bout du couteau qui pointait contre sa gorge.

« Du calme, Grimur ! » cria-t-il. Il regarda Leiv dans les yeux.

« On va repartir, dit-il en souriant, aussi paisiblement que nous sommes venus. Parce que nous sentons bien que nous ne sommes pas les bienvenus à Stockanæs. »

Mais Grimur était trop énervé pour se maîtriser.

« Qui a tué mon homme ? hurla-t-il. Quel est le misérable qui a tué mon meilleur guerrier ? »

De la maison d'habitation, une voix claire s'éleva. « Il s'appelle Apuluk, et c'est Dieu qui a dirigé sa flèche. »

Tous, à part Rane et Leiv, se tournèrent en direction de la voix. Et là, à quelques pas de la porte d'entrée se trouvaient Apuluk et le moine Rollo. Apuluk avait son arc bandé, une nouvelle flèche encochée. Et cette flèche visait la poitrine de Grimur.

« Un *skrælling* ! s'exclama Grimur, ébahi. Mon valet a été abattu par un misérable *skrælling* ! » Il fixa Thorstein d'un air terriblement mauvais.

« On dirait que Thorstein Gunnarsson se fait protéger par le peuple des trolls. Est-ce qu'à Stockanæs, on fait maintenant la guerre contre son propre peuple ? »

Incapable de se contrôler davantage, Grimur dégaina son épée et bondit vers Leiv. Rane hurla quand il sentit le couteau transpercer sa peau.

Mais ce ne fut pas le hurlement de Rane qui arrêta Grimur. La seconde flèche d'Apuluk s'enfonça profondément dans le bras qui tenait l'épée. L'arme tomba sur le rocher en cliquetant. Grimur en eut le souffle coupé. Il fit un tour complet sur lui-même et faillit tomber. Cela avait l'air tout à fait comique, et les hommes de Thorstein éclatèrent de rire. En riant lui aussi, Thorstein envoya d'un coup de pied l'épée de Grimur dans l'eau.

Quand Grimur eut retrouvé son équilibre, il saisit la flèche pour l'arracher. Mais elle était trop profondément enfoncée et il ne réussit qu'à la casser en deux.

Sans un mot, il se retourna et sauta à bord, le sang coulant à flots de son bras. Il ordonna à ses hommes de sortir les rames et hurla ensuite à Leiv :

« Tu peux laisser mon frère partir, Leiv Steinursson. Je sais qui tu es, tu as attiré la honte sur ta famille en négligeant de venger ton père, toi qui es devenu *skrælling.* »

Leiv répondit : « Il pourra partir librement quand il aura posé l'épée qui aime les têtes d'Inuit. Il est venu porter le trouble et doit repartir sans ses armes. »

Le sourire de Rane pâlit. Être désarmé par un jeune garçon était une honte insoutenable. Mais il obéit. Lentement sa main glissa jusqu'à la garde. Il jeta un regard par-dessus la tête de Leiv. Devant la maison, Apuluk le visait, une nouvelle flèche à la corde de son arc bandé.

Les dents serrées, il laissa tomber son épée aux pieds de Leiv. Il sentit le garçon éloigner le couteau de sa gorge et d'une voix rauque, il siffla :

« Un jour je reviendrai chercher cette épée et je te tuerai avec. »

« Alors, apprends d'abord à nager », dit Leiv en riant. Il passa le bout de son kamik sous l'épée et l'envoya loin dans l'eau. « Va, dit-il d'un ton sec. Personne à Stockanæs ne te craint, Rane Thorleifsson. »

Rane sauta à bord du bateau qui quitta le rocher en glissant sur l'eau. Accompagné des rires moqueurs de la côte. Les valets et les filles de ferme de Thorstein étaient ravis de la déconvenue des deux frères, et ils se réjouissaient déjà à l'idée des visites d'hiver des autres fermiers, lors desquelles ils pourraient raconter comment les deux frères tant redoutés avaient été désarmés et humiliés par deux garçons d'une quinzaine d'étés.

Le mal du pays

... où Narua découvre le tissage, et Apuluk la ferronnerie, mais n'en oublient pas pour autant les leurs...

Pour les deux enfants inuit, le temps à Stockanæs passait très vite. Le printemps s'était transformé en été, presque sans qu'ils s'en soient rendu compte. Il y avait tellement de choses nouvelles à voir, à entendre, à apprendre.

Pour Narua, le tissage était un véritable enchantement. Elle était capable de rester silencieuse comme un lapereau pendant des heures à regarder la belle étoffe de bure pousser du métier à tisser d'Helga. Elle n'arrivait pas à comprendre comment la laine de ces étranges animaux que les Norrois appelaient moutons pouvait se transformer en quelque chose d'aussi beau que ce que créait Helga.

Au cours de l'été, Helga avait façonné un costume à Narua pour la remercier de s'occuper autant de Frida, la petite muette. À longueur de journée, la petite suivait Narua qui était toujours prête à lui consacrer du temps pour jouer.

Ce costume devint pour Narua ce qu'elle possédait de plus précieux. La première fois qu'elle le toucha de ses mains, elle en resta béate d'émerveillement. C'était un costume magnifique, mais elle le trouvait très étrange et pas pratique du tout. Il était fait de deux amples pièces de tissu, une pour devant et une pour derrière, attachées entre elles sur les épaules. Les attaches étaient constituées de fibules fabriquées en un matériau dur qu'Helga nommait bronze.

Le costume descendait jusque sous les chevilles de Narua, et de ce fait était pratiquement impossible à porter.

Elle remercia Helga de ce cadeau en lui confectionnant une paire de kamiks avec des peaux qui provenaient des chasses de Leiv. Elle les avait soigneusement cousus avec des points tellement serrés qu'Helga pouvait marcher dans l'eau avec sans se mouiller les pieds.

Elle rangea le costume sous la couchette sur laquelle elle dormait. Elle en était très contente, mais elle n'aimait pas le porter. C'est vrai qu'elle avait un air bizarre avec ce costume, et tant Leiv qu'Apuluk étaient morts de rire quand elle l'essaya la première fois. En plus, elle trouvait que le costume grattait désagréablement, qu'il était très raide par rapport à des peaux bien mâchées et qu'il n'avait ni la chaleur ni la bonne odeur d'une fourrure.

Narua savait que c'était un habit de valeur, parce que Leiv lui avait raconté que l'étoffe de bure faisait partie des marchandises les plus importantes pour les Norrois, une marchandise qu'ils échangeaient contre des matières précieuses comme le bois et le fer. Partout, la laine du Groenland était considérée comme la meilleure, parce qu'elle gardait la chaleur même lorsqu'elle était mouillée.

Quant à Apuluk, c'était la forge qui l'intéressait le plus. Cela lui semblait incroyable qu'à partir de quelque chose qui ressemblait à de la terre, et que Thorstein et ses hommes allaient chercher si près de la ferme, on puisse extraire ce matériau fantastique et si utile qu'on appelait fer.

Longtemps Apuluk crut que Thorstein possédait des forces magiques, un peu comme le vieux Shili dans son groupe, mais Leiv lui expliqua que n'importe qui pouvait fabriquer du fer, pour peu qu'il se soit fait la main.

Désormais la guérison de la jambe d'Apuluk se faisait plus rapide. Il pouvait maintenant marcher sans canne, et bien que boitant un peu, il pouvait aller avec Leiv et Narua en montagne ramasser des œufs et chasser du petit gibier tels les perdrix et les lièvres. Lors de ces excursions, ils avaient toujours la petite Frida avec eux, et les deux enfants inuit se mirent très vite à adorer la petite.

Frida avait cinq ans. Bien que muette de naissance, elle était très éveillée et saisissait toute chose rapidement. Apuluk lui apprit à se servir d'une fronde, et elle fut vite encore plus douée que Leiv et Narua dans son utilisation.

Un jour, au cours d'une balade en montagne, Narua se mit à parler de ses parents et de l'endroit où ils habitaient. Elle parlait à Frida qui écoutait attentivement, même si elle ne comprenait pas les mots.

Narua évoqua le chagrin que devaient avoir ses parents depuis qu'elle n'était plus là, et elle parla de son petit frère qui était tellement jeune qu'il n'avait pas encore reçu son vrai nom lorsqu'ils étaient partis tous les trois. Elle parla du camp d'estivage des Inuit, des grandes quantités de viande qu'ils avaient ramenées de leurs chasses, de son grand-père qui était si bon conteur et qui connaissait tant d'histoires sur ce qui s'était passé longtemps, longtemps auparavant.

Leiv et Apuluk écoutaient également, couchés dans la bruyère, occupés à manger les myrtilles qu'ils avaient cueillies.

« Papa et maman pensent sûrement que nous sommes morts, dit Apuluk. Ils ont sûrement dû chercher partout, trouver les chiens, et en déduire que nous avons péri dans les glaces. »

« Ici, chez nous, ils n'ont pas cherché, en tout cas, sourit Leiv. Vous vous souvenez comme le vieux Shili avait peur des Norrois ? Et du jour où il a voulu me faire tuer, quand vous m'avez ramené après le naufrage ? Il croyait que j'étais un mauvais esprit. »

Les deux enfants inuit hochèrent la tête. Non, leurs parents ne se manifesteraient sûrement pas dans les contrées occupées par les Norrois.

« Nous devrions peut-être essayer de les retrouver », dit Apuluk. Il regarda Leiv d'un air gêné. « J'aimerais rentrer pour leur montrer que nous sommes en vie. Mais si tu préfères rester ici, Narua et moi pouvons partir seuls. »

Leiv regarda longuement en direction du fjord. Depuis la montagne où ils étaient allongés, il voyait la ferme de Thorstein et, loin derrière, le fjord qui s'étendait à perte de vue.

« Non, dit-il enfin, si vous partez, je pars avec vous. »

« Mais Thorstein et ses hommes sont tes frères de sang, objecta Apuluk. Ne préfères-tu pas rester avec eux plutôt que partir avec nous ? »

Leiv contempla Narua, pensif. Elle était allongée, et il la voyait de profil. Ses longs cheveux noirs tombaient sur sa joue comme l'aile d'un corbeau.

« Je suis un Être Humain, répondit-il. Inuk veut dire Humain, et c'est ce que je suis. » Il rit. « N'allez pas croire que vous êtes les seuls humains sur terre simplement parce que vous vous appelez Inuit. »

Apuluk rit à son tour. « Mais avant de rencontrer les Norrois, nous ne savions pas que d'autres hommes existaient. »

Narua tourna la tête. Elle regarda Leiv dans les yeux, et ils se sourirent. « Leiv est devenu comme un Inuk, dit-elle avec sérieux. Il compte parmi nous maintenant. »

Apuluk étira sa jambe endolorie. « C'est ce que je pense aussi. Mais je ne voulais pas lui rendre les choses difficiles, au cas où il aurait préféré rester avec Thorstein. Il ne faut pas qu'il fasse ça pour nous. »

Leiv ramassa un petit caillou rond et le tendit à Frida. La fillette le logea dans sa fronde, fit tournoyer la lanière de cuir au-dessus de sa tête et laissa partir le caillou. Dans un claquement sec, il perfora la poche de myrtilles qu'ils avaient laissée un peu plus haut.

Leiv dit alors : « Je pars avec vous parce que je n'ai pas envie de vivre dans une ferme comme celle-ci le restant de ma vie. Je veux voyager comme le font les Inuit. Et je ne veux pas me séparer de vous. » Il saisit son arc par terre, près de ses pieds, et se leva. « Ce soir, je le dirai à Thorstein. Il comprendra pourquoi nous partons. »

Sur la route de Gardar

... enfin des Êtres Humains, mais un bien étrange accueil...

Par chance, Thorstein avait promis cette année-là de remmener Rollo en bateau jusqu'à l'évêché de Gardar. Rollo avait été envoyé, trois ans auparavant, par l'évêque Alf pour veiller aux intérêts de l'Église dans les diverses colonies norroises. Entre autres, il collectait l'impôt pour le Pape sous forme de dents de morses et de longues défenses torsadées de narvals. Il donnait la communion partout où il allait. Il aurait alors normalement dû offrir du vin, mais cette boisson étant impossible à se procurer au Groenland, il fabriquait une boisson alcoolisée à partir de myrtilles, selon une recette que l'évêque avait apprise du roi Sverre de Suède en personne.

Maintenant le séjour de Rollo dans la partie nord de l'évêché touchait à sa fin. Tout le monde à Stockanæs était désolé de voir partir le petit bonhomme, et lui-même regrettait beaucoup que l'évêque lui ait ordonné de rentrer.

Les projets de Thorstein, au cours de son voyage avec le moine, étaient de chasser le phoque et de pêcher la morue, ainsi que de ramasser du bois flotté. Ce bois flotté était de la plus grande importance pour les Norrois au Groenland, puisqu'aucun arbre ne poussait dans ce pays. Tout le bois était donc ramassé dans la mer au large du Groenland après avoir dérivé depuis les fleuves de Sibérie. À défaut, il fallait aller en chercher au Markland ou au Vinland, ces pays que nous appelons aujourd'hui Labrador et Terre Neuve. Déjà vers l'an mil, les Norrois avaient découvert l'Amérique. Ils avaient essayé de s'y installer, parce que ce pays était bien plus fertile que le Groenland, mais des conflits permanents avec les autochtones les avaient contraints à renoncer et repartir. Mais on faisait encore des expéditions là-bas pour chercher du raisin, et avant tout, le si précieux bois.

Thorstein ne vit pas d'objection au départ des enfants. Il comprenait leur nostalgie du pays et de la famille. Il leur proposa de partir avec lui en bateau, aussi loin qu'ils le souhaitaient. Il allait contourner le cap sud du Groenland, et en route ils trouveraient sûrement des traces de leurs proches ou d'autres Inuit.

Helga était triste de leur départ. Elle s'était habituée aux trois jeunes. Elle savait que Narua surtout allait cruellement manquer à sa fille. Mais elle aussi comprenait pourquoi ils ne pouvaient plus rester à Stockanæs.

Au moment du départ, Narua offrit à Frida une amulette de patte de corbeau qu'elle avait toujours portée avec une lanière autour du cou. Elle l'avait reçue de Shinka lors de sa naissance, et maintenant cette amulette protégerait Frida contre le mal, comme elle avait toujours protégé Narua.

Un matin d'août, ils quittèrent la ferme à bord d'un drakkar. La moitié des valets partaient avec eux, et tous étaient contents à l'idée de voir d'autres gens et d'avoir des nouvelles du vaste monde en dehors du Groenland. Cela faisait trop longtemps que, tout là-haut à Vestribyggd, on n'avait plus eu de contact avec ce bon vieux monde. Rollo avait entendu dire que quelques bateaux de Norvège avaient mouillé à Eystribyggd, mais eux n'avaient pas eu de visite depuis l'arrivée d'Islande de Thorstein trois ans auparavant. Il se passait tellement de choses là-bas en bas, en Europe, que l'on n'avait plus trop le temps de penser à une navigation régulière vers des contrées aussi éloignées dans le nord que les colonies du Groenland. Rollo avait raconté à Leiv que dix ans seulement auparavant, il était habituel de voir monter au moins un ou deux bateaux par an.

Pendant trois jours, ils naviguèrent, poussés par un vent du nord bien vif. Ils cabotaient tout près de la terre, tout près de l'immense côte tourmentée. Les nuits étaient encore claires, et Apuluk, qui était probablement le plus impatient de rentrer chez lui, faisait office de vigie à la proue du bateau. Jour et nuit, il restait à sa place, fixant avec langueur la côte rocheuse dans l'espoir d'apercevoir un abri en terre, une tente, ou un homme en kayak. Ce n'est que la nuit du quatrième jour que son vœu fut exaucé. Ils venaient de laisser derrière eux l'embouchure d'un large fjord et passaient maintenant devant une série de petites îles nues quand tout à coup il appela Narua.

« Narua, viens voir là-bas, entre les îles ! »

Elle regarda dans la direction qu'il lui montrait.

« Qu'est-ce qu'il y a ? » demanda-t-elle.

« J'ai vu quelque chose bouger. Maintenant ça a disparu. » Apuluk se leva et alla jusqu'au milieu du bateau. « Je suis presque sûr que c'était un kayak. »

« Oh, imagine que ce soit papa ou quelqu'un d'autre du groupe ! s'exclama Narua. Tu crois qu'il nous a vus ? »

« Oui, c'est pour ça qu'il a disparu aussi vite derrière l'île. Il a peur des Norrois. »

Les deux enfants se rendirent à l'arrière du bateau pour raconter ce qu'Apuluk avait vu. Leiv traduisit pour Thorstein.

« Moi, je crois que notre groupe est plus au sud, dit Leiv. Mais si tu nous déposes à terre ici, nous pourrons demander à ces gens s'ils savent où trouver la famille d'Apuluk et Narua. »

« Mais tu crois que vous allez pouvoir entrer en contact avec eux ? » demanda Thorstein.

« Oui, j'en suis sûr. Ils ne s'enfuient pas si loin. Ils se cachent dans un endroit sûr pour ensuite nous guetter. Dès qu'ils verront que nous ne sommes que trois sur la côte, et que vous, vous êtes partis, ils se manifesteront. »

Thorstein regarda le visage enthousiaste de Leiv. Il sourit. « D'accord, d'accord, à vous de juger. Je vois que toi aussi tu es impatient de retrouver tes amis. Mais tu es sûr que vous allez être bien reçus ? Ça peut être un groupe d'Inuit que vous ne connaissez pas. »

« Ce sont des Inuit, répondit Leiv, ils ne nous feront donc rien de mal. »

Thorstein hocha la tête et sourit. Leiv avait une confiance absolue dans les Inuit. Thorstein, par contre, avait entendu d'autres histoires. Des histoires de Norrois qui avaient été tués par des Inuit errants. Certes, cela avait surtout été des actes de vengeance parce que les Norrois avaient assassiné des *skrællings* et volé leur viande et leurs peaux. Mais cela montrait en tout cas que ces peuples n'étaient pas toujours aussi bienveillants.

Les trois enfants furent déposés sur la terre ferme derrière la longue chaîne d'îles. Thorstein leur laissa une partie de ses provisions de voyage. Il serra les enfants dans ses bras avant de les quitter. À Leiv, il dit :

« Autrefois, il y avait de l'animosité entre nous deux, Leiv. J'ai tué ton père pour venger mon frère. C'est dans ton bon droit de me tuer un jour. »

Leiv hocha la tête. « Il n'y a plus d'animosité entre nous, Thorstein Gunnarsson. Jamais mon bras ne sera assez long pour te tuer. Tu t'es racheté du meurtre de mon père en étant comme un père pour moi et mes frère et sœur adoptifs, Narua et Apuluk. La paix règne toujours entre nous. »

Leiv regarda Thorstein droit dans les yeux, et serra les lèvres jusqu'à ce qu'elles ne forment plus qu'un mince trait bleu pour ne pas pleurer. Puis, il se retourna vivement et sauta sur les rochers. Rollo passa la tête par-dessus le bastingage et cria :

« N'oublie pas que ton Dieu est avec toi, Leiv, qu'Il est toujours à tes côtés. »

Leiv, Narua et Apuluk firent de grands signes des bras quand le bateau s'éloigna, propulsé par les rames. Ils s'assirent pour le regarder jusqu'au moment où, la grosse voile carrée une fois tendue, il prit de la vitesse entre les îles. Leiv se leva, mais Apuluk le fit se rasseoir.

« Je crois qu'il vaut mieux rester ici, dit-il. Rester ici et attendre. L'homme au kayak ne va pas tarder à venir nous chercher. »

Narua s'agenouilla et sortit sa marmite en pierre de ses bagages. « Si vous faites un feu, moi, je fais bouillir de la viande en attendant nos hôtes. Ainsi, nous aurons quelque chose à leur offrir. »

Leiv et Apuluk ramassèrent des brindilles, et bientôt la marmite bouillonna gentiment, garnie de la viande du phoque chassé depuis le bateau.

Leiv s'étira dans la bruyère. Couché sur le dos, il fixa le bleu infini du ciel. Comme la vie s'était étrangement goupillée ! Sa prime jeunesse, il l'avait passée auprès de son père et sa mère en Islande. Une belle vie, sans le moindre souci. Il avait joué avec ses cousins, s'était entraîné à manier les armes, avait aidé à la ferme et s'était promené sur son cheval, Gule. Qu'était devenu Gule ? Qui l'avait récupéré lorsque Leiv s'était glissé à bord du bateau de Thorstein dans l'intention de le tuer ?

Il repensa à sa première année auprès des Inuit. Ils lui avaient appris à vivre comme un Être Humain, à se débrouiller, à partager avec les autres et à vivre en communauté. Il aimait cette communauté qui, ici, unissait les gens plus qu'elle ne les opposait. Si en Islande quelqu'un avait eu des prétentions sur le bien d'un autre, cela menait invariablement à des actes de violence. En Islande, et d'ailleurs au Groenland également, dans les colonies des Norrois, on se battait pour s'approprier les biens des autres. Chez les Inuit, on donnait et on prenait sans distinction. Peut-être parce que personne ne possédait quoi que ce soit de superflu. Ici, on ne connaissait que les besoins de base : manger, boire, travailler et dormir. Tout était si simple. C'était ça. S'il aimait vivre parmi les Inuit, c'était parce que leur vie était simple et digne, et parce qu'il s'était attaché à Narua et Apuluk, plus qu'à qui que ce soit d'autre, jamais.

Voilà ce à quoi Leiv pensait, allongé dans la bruyère. Narua, assise, fixait le contenu bouillonnant de sa marmite, la viande qui remuait sous l'épaisse couche de mousse grisâtre. Apuluk, quant à lui, guettait la mer entre les îles dans l'espoir de voir réapparaître l'homme au kayak.

Soudain, un sifflement se fit entendre, et avant qu'aucun des trois n'ait eu le temps de réagir, une flèche s'était fichée avec un bruit sec dans le sol, à une largeur de main seulement de la tête de Leiv.

Ukik et Pulituk

... où les enfants ont à entendre un récit horrible...

Narua fixait la flèche, incrédule. Elle avait été décochée avec une telle force que la pointe et presque le tiers de la tige s'étaient enfoncés dans le sol. Si elle avait touché Leiv, il aurait été tué sur le coup. Furieuse, elle bondit en hurlant :

« Depuis quand les Inuit tirent des flèches sur d'autres Inuit ? » Elle était tellement en colère qu'elle piétinait la bruyère de ses kamiks.

Apuluk lui aussi avait bondi sur ses pieds. Il saisit instantanément son arc et plaça une flèche sur la corde. Alors, il cria :

« Est-ce qu'on est en proie aux mauvais esprits dans cette partie du Pays des Hommes ? Ne voit-on plus la différence entre des frères de sang et du gibier ? »

Une voix d'homme répondit après un instant de silence :

« Nous ne souhaitons pas faire de mal à des Inuit. Mais le garçon norrois avec les cheveux clairs doit mourir. »

« Montre-toi ! cria Apuluk. Le “cheveux clairs” est un Inuk, et il est mon frère. »

Deux hommes sortirent d’un surplomb de rocher au-dessus d’eux. L’un avait une grosse cicatrice rouge qui lui barrait le visage, depuis l’un des sourcils, à travers le nez et la bouche, jusqu’au menton. Ses lèvres étaient fendues, et cela donnait à sa bouche une sinistre allure grimaçante.

Apuluk abaissa son arc. « Pourquoi veux-tu tuer des Norrois ? » demanda-t-il.

Les hommes s’approchèrent lentement, sur leurs gardes. Leurs armes étaient prêtes à toute éventualité, ils semblaient craindre une attaque par-derrière. Celui qui était défiguré répondit :

« Les Norrois sont mauvais, dit-il. Ils ont exterminé presque tous ceux de notre groupe. C’est pourquoi il faut s’en débarrasser. Tant qu’ils seront en vie, la paix ne régnera pas sur notre pays. »

Narua tournait le dos aux hommes. Elle se courba sur sa marmite et dit doucement :

« On a fait bouillir de la viande. Peut-être que deux grands chasseurs nouvellement arrivés aimeraient faire plaisir à une pauvre petite femme en profitant du repas ? »

Les hommes s’arrêtèrent à une dizaine de mètres du feu. Leiv se redressa et les regarda attentivement. Celui qui était défiguré tenait une main devant son visage pour cacher sa cicatrice. L’autre était vieux. Peut-être aussi vieux que le grand-père d’Apuluk et Narua. Ses vêtements étaient sales, en haillons, et il était terriblement maigre.

« Peut-être bien qu’on aura envie de goûter à ta viande, dit le vieux, maintenant qu’on a sa bonne odeur dans les narines. » Il alla jusqu’à la marmite et posa son long harpon. « On n'a pas eu de viande de phoque en bouche depuis longtemps. »

Apuluk hocha la tête. Il montra Leiv du doigt. « Ce garçon est mon frère, et il est plus inuk que norrois, dit-il. Il nous a été envoyé par la mer, il parle notre langue et préfère vivre avec les Inuit qu'avec les Norrois. Son nom est Leiv. »

L'homme à la cicatrice resta figé. Il dévisagea longuement Leiv.

« J'ai entendu parler d'un garçon norrois qui vit avec le clan du vieux Shili. Mon nom est Pulituk, et le vieux s'appelle Ukik, et si tu es le garçon dont nous avons entendu parler, on ne te fera rien de mal. » Pulituk s'approcha du feu et s'assit. « On croyait que tu étais un guerrier du bateau des Norrois qui allait vers le sud. Et que peut-être tu avais été laissé à terre pour surveiller deux captifs. »

Leiv rit. « C'est plutôt moi qui suis captif. Mais dis-moi, Pulituk, d'où te vient cette cicatrice ? »

Pulituk retira sa main et leur laissa voir la longue plaie rouge qui partageait son visage en deux.

« Un Norrois me l'a faite avec son long couteau, il y a de nombreux jours de cela. »

« Un Norrois ? »

« Oui. »

Narua offrit de la viande aux hommes. Le vieux saisit avidement son morceau et se mit à le dévorer. Il était évident qu'il n'avait pas eu droit à un vrai repas depuis longtemps. Pulituk mangeait plus précautionneusement, peut-être parce que la viande chaude était douloureuse à ses lèvres blessées.

« Raconte-nous ce qui s'est passé », demanda Apuluk.

Ce fut le vieux qui raconta leur terrible histoire, tout en engloutissant de gros morceaux de viande.

« Un jour nous avons été attaqués par un grand bateau. Un bateau redoutable, avec une figure de proue en forme de tête de mauvais esprit des fjords. Il y avait beaucoup d'hommes à bord, et tous portaient de longs couteaux faits d'un matériau dur et tranchant.

« Nous étions en estivage à l'embouchure d'un fjord que nous appelons Isertoq parce que l'eau, à cet endroit-là, est salie par l'argile. Nous nous sommes laissé complètement surprendre. Soudain, le bateau était là, devant nos tentes… »

Ukik fit une petite pause pour aspirer la moelle d'un os. Puis, il continua :

« Pendant un moment nous nous sommes battus contre eux. Nous avons décoché nos flèches et lancé nos harpons et nos lances. Nous en avons tué beaucoup. Mais ils étaient trop nombreux, et leurs armes étaient faites pour le combat. Ils ont encerclé tout le monde, puis ils ont commencé à abattre les enfants et les femmes. Une fois tous les enfants et toutes les femmes tués, ils ont décapité les hommes. »

« Et comment y avez-vous échappé, vous deux ? » s'enquit Leiv.

Ukik se désigna du doigt. « J'avais la chance de ne pas être au campement quand ils sont arrivés. J'étais en train de rentrer avec mon kayak et je me suis caché derrière des grosses pierres sur la plage. Ils ne m'ont pas vu, et cela m'a sauvé. »

« Et toi ? »

Pulituk regarda Leiv, bouleversé. « J'ai été pris dans le cercle. Et j'ai vu un géant à la barbe rouge tuer mes deux filles et mon jeune fils. Et il a agrippé ma femme par les cheveux, il a tiré sa tête en arrière et il l'a égorgée. »

Narua le fixa, terrorisée. « C'est horrible », chuchota-t-elle.

Pulituk hocha la tête. « Quand ma femme est morte, je n'ai pas pu rester dans le cercle. J'ai sauté sur le géant, et j'ai saisi son oreille. Je l'ai arrachée. Un homme plus petit, les cheveux aussi clairs que ceux de Leiv, a brandi son couteau et m'a tranché le visage en deux. »

« Et puis tu as couru ? »

« Oui, j'ai couru, parce que mon attaque avait semé la confusion parmi les Norrois. J'ai couru aussi vite que je le pouvais, et ils ont envoyé un nuage de flèches sur moi. Deux m'ont touché. L'une à la jambe, l'autre à l'épaule. Mais rien ne pouvait m'arrêter. J'ai filé dans la montagne où je savais qu'aucun de ces maladroits Norrois ne pourrait me suivre.

« Toute la journée je me suis caché là-haut, les regardant charger leur bateau de nos peaux et de notre viande. C'est seulement quand ils furent loin dans le fjord et eurent mis cap vers le nord que je suis redescendu au campement. Là, je suis tombé sur Ukik qui m'a aidé à couvrir de pierres les morts. »

Leiv regardait droit devant lui, pensif. « Tu dis que le bateau avait un ornement en forme de dragon à la proue ? Et que l'un des agresseurs était un géant à la barbe rousse ? L'homme aux cheveux clairs dont tu parlais, souriait-il ? »

« Oui. L'homme aux cheveux clairs souriait. Mais il était de tous le plus assoiffé de sang. C'est même lui qui a tué la plupart des enfants », répondit Pulituk.

« Grimur et Rane ! s'exclama Leiv. Vous entendez, c'est Grimur et Rane qui ont fait ce massacre. »

Apuluk et Narua hochèrent la tête. Narua frissonna d'effroi. Elle sentait encore la main de Rane quand il avait agrippé ses cheveux et tiré sa tête en arrière.

L'homme à la cicatrice regarda Leiv, surpris. « Tu connais les meurtriers ? » demanda-t-il.

« Oui, j'ai eu mon couteau sur la gorge de celui qui sourit, répondit Leiv. Et maintenant je regrette de ne pas l'avoir égorgé. »

Pulituk laissa ses doigts glisser sur sa cicatrice. « C'est celui qui sourit qui est le plus dangereux, dit-il. Le géant est juste un homme cruel qui tue des Inuit comme on tue du gibier. Mais celui qui sourit est malade. Il jouit des souffrances des autres. C'est pourquoi il est malade. Et c'est pourquoi il doit mourir. »

Leiv regarda Narua qui était en état de choc suite au récit des deux hommes. Il pensait avec terreur que son cou à elle aurait très bien pu, lui aussi, avoir été tranché par Rane.

Apuluk demanda alors :

« Savez-vous où sont mes parents ? »

Ukik répondit : « La dernière fois que nous avons eu des nouvelles du groupe de Shili, ils étaient en route vers la grande glace intérieure, à la chasse aux rennes. Peut-être qu'ils y sont encore. »

« Étrange. Je croyais qu'ils voulaient descendre plus au sud », murmura Apuluk.

« Il y a trop de Norrois dans le sud », dit Ukik. Ils ont cherché à aller vers l'intérieur où les Norrois ne vont jamais. »

Apuluk ranima le feu avec quelques brindilles. « Si vous voulez, vous pouvez venir avec nous, et vous installer chez les miens », dit-il.

Pulituk secoua la tête, lentement.

« Merci, dit-il, mais il faut que je retrouve l'homme qui sourit, il faut que je le tue. Il a tué ma famille et il tuera encore beaucoup de familles inuit s'il reste en vie. »

Le vieux Ukik était d'accord avec son compagnon.

« Je suis vieux, dit-il, et n'ai jamais souhaité tuer qui que ce soit. Mais maintenant, j'ai vu ce que les Norrois font de notre peuple, et je n'aurai pas la paix tant que je n'aurai pas essayé d'éteindre avec mon harpon cette soif de sang chez celui qui sourit. J'aimerais bien vous suivre jusque chez vos parents, mais il faut que j'accompagne Pulituk, parce que deux hommes sont deux fois plus forts qu'un seul. Et contre celui qui sourit et les siens, nous devons être aussi nombreux que possible. »

Leiv se pencha en avant et posa une main sur la jambe de l'homme à la cicatrice.

« Tu ne seras pas seul contre Grimur et Rane, dit-il. Je vais avec toi, parce que moi aussi, j'ai des comptes à régler avec eux… »

Apuluk lui coupa la parole. « Moi aussi, je veux que ces deux hommes meurent. Mais il faut user de ruse, sinon ils seront plus forts que nous. C'est pourquoi je propose de trouver d'abord mon père et de tenir un conseil avec tout le groupe. Peut-être serons-nous bien plus nombreux que nous quatre, peut-être pas. En tout cas, nous aurons les conseils d'hommes expérimentés. »

Pulituk et Ukik mirent longtemps avant de répondre. Enfin le vieux dit :

« On a écouté tes mots et on les a trouvés sages. Parce que lorsque les gens de ton groupe entendront parler de la cruauté des Norrois, ils voudront nous aider à les exterminer. Dans notre pays, la tradition veut qu'on tue les fous pour les libérer des mauvais esprits qui les possèdent. Nous allons vous accompagner à votre habitat et nous y tiendrons conseil. »

Et il en fut ainsi. Les enfants et les deux chasseurs marchèrent pendant de nombreux jours avant d'atteindre les contrées de l'immense inlandsis où les rennes avaient l'habitude de passer une grande partie de l'été. Ils trouvèrent les restes d'un renne fraîchement abattu, et ils suivirent les traces de semelles de kamiks qui se dessinaient nettement sur le sol argileux. Un jour, ils atteignirent le campement de tentes qui appartenaient à ceux que Pulituk avait appelés le groupe de Shili.

Le groupe de Shili

... où la décision est unanime et l'expédition soigneusement préparée...

Ce furent des retrouvailles joyeuses. Le soir, tous les habitants du campement se rassemblèrent devant la tente du père d'Apuluk pour entendre les enfants raconter leur aventure.

Apuluk raconta avec modestie ce qui leur était arrivé depuis leur départ de l'habitat au printemps. Il expliqua comment la glace sur laquelle ils avaient dormi s'était brusquement brisée et comment ils avaient commencé à dériver vers le grand large. Narua se joignit au récit en racontant comment Leiv avait essayé de nager jusqu'aux chiens, elle raconta les gelures qu'il avait eues aux pieds, et comment il avait fallu qu'Apuluk lui coupe deux orteils.

Leiv dut montrer son pied à tout le monde pour qu'on voie bien qu'il ne lui restait que trois doigts de pied. Un jeune chasseur se mit à rire et appela Leiv *taateraaq*, comme la mouette tridactyle qui elle aussi, comme son nom l'indique, n'a que trois doigts aux pattes.

Narua se fâcha. Elle houspilla le chasseur en question parce qu'elle ne trouvait pas du tout amusant pour Leiv d'avoir perdu ses orteils. Elle se souvenait au contraire combien il avait souffert quand Apuluk les lui avait coupés. Elle expliqua cela à ceux qui étaient assis autour d'eux dans la bruyère devant la tente. Mais le vieux Shinka, son grand-père, répondit que ce sobriquet n'avait sûrement pas été attribué à Leiv par méchanceté, mais parce qu'en l'utilisant, on se souviendrait toujours de ce qu'il avait fait pour sauver ses frère et sœur adoptifs. Cela exprimait aussi de la gratitude, parce qu'il avait perdu deux doigts de pied et pas la vie.

Alors Narua se tut. Elle baissa la tête, honteuse, et murmura qu'elle avait peut-être passé tellement de temps auprès des Norrois qu'elle ne savait plus comment pensaient les Inuit.

Ensuite Leiv raconta la bagarre d'Apuluk avec l'ourse, en attribuant tout l'honneur de son heureuse issue à Narua. Sans elle, dit-il, ils auraient tous terminé leurs jours en pâtée pour ours. Et sans l'aide de Narua, ils n'auraient pas non plus réussi à monter assez haut sur la côte pour que les hommes de Thorstein puissent les retrouver. Narua était une fille persévérante et courageuse, ajouta-t-il, jamais auparavant il n'avait rencontré de fille comme elle.

Tour à tour, ils racontèrent alors leur vie avec Thorstein à Stockanæs. Et les Inuit écoutaient. Les récits des enfants leur donnèrent une image des Norrois toute différente de celle qu'ils s'étaient constituée par eux-mêmes. Maintenant ils entendaient parler de gens qui, en beaucoup de choses, leur étaient tout à fait semblables. C'est seulement quand Narua décrivit la rencontre avec Grimur et Rane qu'ils se mirent à hocher la tête, en connaissance de cause, et que le vieux Shili s'exclama :

« On a déjà entendu parler de ces gens. Deux jeunes de chez nous ont été tués par eux près de la côte. Nous les avons retrouvés décapités. C'est pourquoi nous sommes venus nous installer ici où nous ne voyons jamais trace des Norrois. »

Et enfin ce fut à Pulituk, le balafré, de raconter. Il se leva et décrivit les actes de cruauté que Grimur et son frère avaient commis contre son groupe.

Narua, son petit frère sur les genoux, écouta tout le récit une nouvelle fois. C'était incompréhensible que des hommes puissent être à ce point cruels. Elle serra le petit contre elle et le berça dans ses bras.

Quand les chasseurs eurent entendu le récit de Pulituk jusqu'au bout, un long silence s'installa. Tous étaient profondément troublés par la description des actes de barbarie d'Isertoq, et une grande colère contre ces étrangers les envahit tous. Le père d'Apuluk fut le premier à reprendre la parole.

« Nous avons entendu beaucoup de choses ce soir, dit-il. D'abord l'histoire du long voyage des jeunes, un voyage qui a trouvé un heureux dénouement auprès d'une famille de Norrois. Ensuite le récit des dramatiques événements d'Isertoq où de nombreux Êtres Humains ont été massacrés sans raison. » Il regarda un moment les visages graves autour de lui, puis continua :

« Quand j'étais jeune, il se trouvait dans notre groupe un chasseur que je ne vais pas nommer. Il n'avait pas de chance, ni avec sa famille ni à la chasse, et c'était comme si tout était contre lui. Il ne s'entendait pas avec Sila, le Grand Inconnu qui est en tout, et qui est peut-être l'équivalent de ce que Leiv appelle son dieu. Et c'est pourquoi cet homme a commencé à tuer des hommes. D'abord un chasseur vétéran, puis deux autres chasseurs très habiles. Shili essaya d'expulser les mauvais esprits qui le possédaient, mais son pouvoir n'était pas assez grand. Et nous avons donc décidé de le tuer. Nous l'avons tué et nous avons pratiqué un petit trou dans son front pour que tout le mal puisse s'échapper par cette voie. Je propose de faire la même chose avec les deux assassins que vous nommez Grimur et Rane. »

Son regard alla de visage en visage. Et il comprit que sa proposition avait été acceptée. Le chaman Shili dit alors :

« On a toujours souhaité que les Norrois disparaissent de ce pays parce qu'on croyait qu'ils étaient des mauvais esprits. Je voulais que l'on tue Leiv quand il nous est arrivé depuis la mer. Il vit, et c'est un Être Humain. Nous savons maintenant qu'il existe de bons et de mauvais Norrois, et que ce sont des hommes qui viennent d'un pays lointain. »

Il se racla la gorge et resta un moment à balancer son corps d'avant en arrière. C'était comme s'il devait trouver les mots très profondément enfouis en lui. Enfin il poursuivit :

« On est vieux maintenant, et sans la force qui pourrait chasser ces hommes mauvais. Mais on a l'expérience d'une longue vie et on peut donc donner son avis. Partez, et tuez ces deux frères cruels. »

On passa le reste de la soirée à dresser les plans de l'expédition. Grâce à des Inuit qui avaient eu maille à partir avec Grimur et Rane, on savait où se trouvait leur domaine, et on savait que s'y trouvaient de nombreux guerriers et pas mal de femmes et d'enfants. Deux chasseurs, qui avaient fait un voyage dans les parages, purent décrire la ferme et ses divers bâtiments, et ils racontèrent comment il leur avait fallu se cacher dans la glace, à peine quelques jours auparavant, parce qu'un grand bateau, avec un dragon en figure de proue, venant du nord, était entré dans le fjord où se trouvait la ferme. Les frères étaient donc chez eux.

Avant d'aller se coucher, ils avaient décidé comment procéder pour approcher la ferme, et le père d'Apuluk souhaita partir dès le lendemain matin. D'abord, ils navigueraient jusque chez Thorstein pour voir si tout allait bien. Leiv était assez inquiet depuis qu'il avait déduit que, venant du nord, Grimur et Rane avaient fort bien pu faire une incursion à Stockanæs quelques jours auparavant.

Quand Leiv se coucha pour la nuit, il sentit Narua s'allonger tout contre lui.

« Leiv ? » chuchota-t-elle.

« Mmmmm. »

« Il faut que tu tues Rane. »

« Je sais. » Il sentit sa main et la prit entre les siennes. « Je vais le tuer », murmura-t-il, à moitié endormi.

Narua le contempla dans son sommeil. C'est seulement quand elle se rendit compte qu'Apuluk la regardait avec un air amusé qu'elle s'apprêta elle-même à dormir, tirant son capuchon par-dessus sa tête.

Retour à Stockanæs

... où les mauvais pressentiments se révèlent tout à fait fondés. Mais où l'on voit apparaître comme un rayon de soleil sur tant de tristesse...

Tôt le lendemain matin les hommes quittèrent le campement. Armés d'arcs, de harpons et de lances, ils marchèrent vers la côte où leurs kayaks étaient cachés dans une vaste grotte.

Narua était partie en montagne avec son petit frère dans l'*amaut*, cette poche dans le dos de l'anorak prévue pour les nourrissons. Elle sentait son petit corps chaud contre son dos nu, et elle espérait de tout son cœur que la chance accompagnerait les voyageurs dans leur projet de supprimer Grimur et son frère.

Leiv et les Inuit passèrent une journée entière à atteindre l'emplacement des kayaks. Ils ne perdirent pas de temps à dormir, mais continuèrent tout de suite par le fjord, pour atteindre au plus vite la côte extérieure. De là, ils pourraient surveiller les va-et-vient des Norrois sur la mer.

Tard dans la nuit, ils atteignirent leur destination. Dans la douce lumière de la nuit, la mer s'étalait devant eux comme une large plaine grise, et au loin, sur l'horizon, ils distinguaient un banc sombre de glaces dérivant vers le nord.

Leiv et Apuluk étaient exténués par le long voyage à la rame, et ils furent pleins de gratitude l'un et l'autre quand le père d'Apuluk et quelques-uns des vieux chasseurs proposèrent de bivouaquer.

La nuit se passa calmement. On avait posté des gardes, mais ni Norrois ni Inuit ne passèrent aux abords de leur campement. Rapidement, on chargea les kayaks d'armes et de provisions, et après un solide repas fait de viande, on reprit le voyage.

Ils naviguèrent quatre jours durant avant de distinguer Stockanæs dans la lumière du soir. Leiv vit instantanément que quelque chose n'allait pas. Les lieux étaient comme dénués de vie. Pas d'animaux dans les prairies, même le taureau fou était invisible, pas de fumée aux cheminées, personne nulle part.

Quand ils accostèrent, ils découvrirent que les étables étaient vides et que presque tout le foin avait disparu.

« Quelqu'un a pillé la ferme pendant que Thorstein est en voyage », souffla Leiv à Apuluk.

Ils montèrent jusqu'à la maison d'habitation, suivis de Pulituk le balafré. Leiv ouvrit la porte et faillit trébucher sur un des vieux valets de Thorstein en entrant. L'homme était étendu par terre juste derrière la porte, une grosse entaille dans la poitrine. Derrière lui, deux autres valets, morts également.

Ils allèrent de pièce en pièce. Partout ils trouvèrent des corps sans vie. Helga, elle aussi, avait été tuée. Elle gisait devant le coffre où elle gardait la laine pour son métier à tisser, et elle aussi avait une grosse plaie à la poitrine.

Alors, Leiv s'effondra en larmes. Il pleura, tout son corps secoué par les sanglots. Apuluk passa son bras autour de ses épaules et le mena hors de la maison. Leiv s'assit dans l'herbe et se laissa aller à ses larmes. Apuluk s'agenouilla à côté de lui.

« Grimur et Rane ? » demanda-t-il.

Leiv hocha la tête.

« Il faut couvrir les morts de pierres », dit Apuluk.

Leiv se leva et essuya ses larmes. Puis les deux garçons retournèrent dans la maison et, ensemble, ils portèrent Helga au-dehors.

Au cours de cette longue nuit claire, Leiv et les Inuit enterrèrent les nombreuses victimes des deux frères. Ils creusèrent jusqu'au rocher, déposèrent les corps, chacun dans sa tombe, et les couvrirent soigneusement de pierres plates afin que les animaux sauvages ne puissent pas s'y attaquer.

Leiv et Apuluk étaient en train de couvrir de pierres la dépouille d'un des esclaves, lorsqu'ils entendirent un des Inuit pousser un cri étouffé.

« Qu'est-ce que c'est ? » demanda Apuluk.

« Quelque chose a bougé là-haut, répondit le chasseur. Juste là-haut, près du ruisseau au-dessus de la ferme. »

« Sûrement un animal », dit Apuluk.

« Ou un humain ! » Leiv scruta la ravine, les yeux plissés. « Allons voir. »

Apuluk posa la pierre qu'il avait dans les mains. Et l'air de rien, comme s'il cherchait quelque chose sur le sol, il avança lentement vers le flanc de montagne. Leiv, pour sa part, se glissa derrière la grange et atteignit sans se faire voir un vallon latéral, d'où il pouvait gravir la montagne par-derrière. Les autres continuèrent le travail sans broncher.

Au bout d'un certain temps, ils entendirent un cri. Apuluk, qui avait atteint la rivière, s'arrêta net et leva les yeux. Loin au-dessus de lui se trouvait Leiv, tenant une jeune fille par la main et un enfant agrippé à son cou.

Sølvi était une jeune fille d'à peine seize ans que Thorstein avait amenée avec lui d'Islande. Elle était née de parents non affranchis, et Helga l'avait achetée à un négociant en Islande pour avoir une bonne d'enfants avec elle au Groenland.

Sølvi était donc esclave et devait vivre sa vie au service des autres. Mais elle était bien traitée chez Helga et ne ressentait pas son esclavage comme un fardeau. C'était une fille belle et joyeuse, avec de longues tresses, des yeux bleus et des fossettes quand elle riait.

Quand elle fut descendue de la montagne avec Leiv et l'enfant, elle raconta ce qui s'était passé à Stockanæs. Et Leiv traduisit pour les Inuit.

Ils avaient vu le bateau de Grimur arriver, dit-elle, et Helga avait su tout de suite que Grimur et Rane venaient se venger de l'humiliation qu'ils avaient subie lors de leur précédent passage. Avant que le bateau ne soit arrivé au rocher qui servait de débarcadère, elle avait ordonné à Sølvi de filer dans la montagne avec Frida et de s'y cacher quoi qu'il arrive à la ferme. Quand Thorstein serait de retour, elle devait lui relater la venue des deux frères.

Leiv lui demanda de combien de temps datait le dernier passage de Grimur, ce à quoi elle répondit qu'il n'y avait peut-être que trois jours de cela. Depuis la montagne, elle avait vu les deux frères et leurs hommes emporter tout le bétail et les chevaux, et elle les avait vus sortir le foin des granges et le charger sur le bateau. Ils avaient abattu tous les hommes et femmes libres de la ferme. Ils n'avaient épargné que les esclaves qu'ils avaient emmenés avec eux.

Sølvi pleurait en racontant cela, et Leiv essaya de la consoler.

« Nous sommes en route pour tuer les deux frères, dit-il. Il faut que tu restes ici à la ferme en attendant notre retour. »

Sølvi le regarda, terrorisée. « Je n'ose pas rester ici, chuchota-t-elle. Emmenez-moi avec vous, Leiv, j'ai peur. »

« Peur ? Peur de quoi ? »

« Je ne sais pas. » Elle regarda les tombes, et Leiv comprit. Il parla avec le père d'Apuluk, et celui-ci proposa que Sølvi et Frida les suivent jusqu'à la côte. Là-bas, il connaissait une grotte dans laquelle les filles pourraient se cacher. Elles y seraient en sécurité jusqu'à leur retour.

Après avoir dormi quelques heures, on attacha quatre kayaks deux à deux, et Frida et Sølvi furent installées chacune sur les pontons de fortune. Puis, on sortit du fjord de Stockanæs.

Les deux filles furent laissées sur une petite île à seulement quelques heures de voyage du fjord de Grimur. Apuluk leur fit un feu dans la toute petite grotte, et les hommes ramassèrent suffisamment de brindilles pour que Sølvi puisse entretenir ce feu pendant plusieurs jours.

« On sera bientôt de retour, dit Leiv. N'aie pas peur, ici vous êtes en sécurité. Personne ne peut voir le feu de l'extérieur, parce qu'il fait clair jour et nuit, et pour peu que tu te débrouilles de manière à ce que le feu brûle soit à flammes bien vives soit avec des braises, personne ne verra de fumée. »

Sølvi le regarda avec gravité. « Et si vous ne revenez pas ? » demanda-t-elle.

Leiv lui sourit, d'un air rassurant. « Nous reviendrons, répondit-il. Certains d'entre nous resteront peut-être dans le fjord de Grimur, mais pas tous. Tu peux en être sûre. »

Sølvi prit la main de Leiv. « Que Dieu soit avec vous », dit-elle doucement.

« Merci », répondit Leiv. Il regarda Apuluk qui les observait. « Nous avons avec nous à la fois notre Dieu à toi et à moi, mais aussi tous les bons esprits des Inuit. » Il se pencha et souleva Frida.

« Sois sage, et fais tout ce que Sølvi te dira, dit-il. Nous serons bientôt de retour, et alors nous irons retrouver ton père. »

Frida hocha la tête. Elle essaya de dire quelque chose, mais comme d'habitude elle n'arriva à émettre que quelques rauques bruits de gorge. Quand Leiv l'eut redéposée à terre, elle courut enlacer les jambes d'Apuluk. Apuluk, embarrassé, s'agenouilla et l'entoura de ses bras.

« Narua lui manque », dit Sølvi.

Leiv hocha la tête. Et pensa qu'à lui aussi, Narua manquait.

L'assaut

... où Leiv constate qu'il a encore beaucoup à apprendre des Inuit...

La petite flotte de kayaks pénétra dans le fjord de Grimur l'après-midi du même jour. Ils n'étaient plus qu'à quelques heures de navigation de la ferme, et firent une pause pour reprendre des forces avant l'attaque. Après avoir caché les kayaks dans une ravine à flanc de montagne, ils s'installèrent pour dormir quelques heures.

L'homme de garde les réveilla quand le soleil fut comme un incendie rouge orangé à l'ouest. Sans prendre le temps de manger, ils se réinstallèrent dans les kayaks et s'enfoncèrent plus avant dans le fjord. Les eaux charriaient des glaces à la dérive, et quand ils eurent les bâtiments de la ferme de Grimur en vue, ils se cachèrent derrière ces gros blocs. La ferme n'était située qu'à un jet de pierre de la plage, et Leiv voyait à la fumée de la cheminée que seul le feu de la nuit brûlait dans le foyer.

Sur un signe du père d'Apuluk, les kayaks se dispersèrent. Les hommes cherchèrent à atteindre la plage à un endroit où, à l'abri d'une petite falaise, ils pourraient se glisser à terre, tout près du bateau de Grimur qui était à moitié tiré sur la berge. C'était marée haute, et Leiv en déduisit qu'à marée basse le bateau serait à sec et pratiquement impossible à remettre à l'eau.

Leiv et Apuluk restèrent ensemble. Ils atteignirent la plage en même temps, tirèrent leurs kayaks à terre sans un bruit et se glissèrent derrière un rocher depuis lequel ils avaient vue sur le bateau de Grimur.

« Il y a un garde à la poupe, chuchota Leiv, et il y en a aussi un près de la maison. J'espère que ton père les a vus. » Leiv laissa son regard balayer la plage et les alentours de la maison. Il lui était impossible de détecter l'ombre d'un Inuk. Ils étaient comme disparus sous terre.

Apuluk ne put réprimer un sourire. « Les Inuit maîtrisent l'art de se rendre invisibles, chuchota-t-il en retour. Sinon, nous n'aurions pas pu survivre pendant des générations grâce à la chasse aux phoques. »

Il n'avait pas fini sa phrase qu'ils entendirent un bruit de raclement. Ils regardèrent vers le bateau et virent que le garde avait changé de position.

« Pourvu qu'il ne se réveille pas », chuchota Leiv. Apuluk secoua la tête. « Il n'est pas près de se réveiller. Regarde-le bien. »

Et Leiv constata que le garde était recroquevillé sur lui-même, les mains crispées autour du harpon qui lui transperçait le corps.

Le garde près de la maison s'était levé. Il regardait vers le bateau et s'apprêtait à s'y rendre quand une flèche le toucha avec une force inouïe. Un instant, il se balança d'un côté à l'autre. Il ouvrit la bouche pour pousser un cri, mais n'arriva qu'à gémir doucement. Puis, ses jambes fléchirent, et il s'écroula par terre avec un bruit sourd.

Alors seulement, les Inuit devinrent visibles. Ils rampèrent à toute vitesse jusqu'aux bâtisses, et Leiv et Apuluk se lancèrent derrière eux. À un jet de harpon de la maison, les autres s'arrêtèrent. Et d'un coup, ils disparurent du champ de vision de Leiv. Il avait beau regarder dans tous les sens, plus rien ne bougeait nulle part. Il se coucha dans la bruyère et attendit.

Le feu surgit brusquement. Comme d'un coup de baguette magique, deux flèches partirent du niveau du sol, de l'herbe en feu accrochée à l'empennage. L'une s'abattit sur le toit, où les flammes se répandirent sans tarder dans l'herbe sèche, l'autre s'enfonça dans le cadre en bois d'une fenêtre qui s'enflamma instantanément.

Très vite, des bruits se firent entendre dans la maison. D'abord quelques bruits sourds, ensuite des cris violents. Un homme bondit dehors par la porte d'entrée, mais s'écroula, une flèche dans la poitrine. Un autre le suivit qui, également, fut abattu avant même d'avoir pu sortir. Les hommes derrière lui s'arrêtèrent net, et refluèrent dans la maison pour échapper aux flèches des Inuit.

Mais la maison ne leur offrait plus aucune protection. Le feu se propageait implacablement à travers toit et murs et répandait une fumée étouffante sur ceux qui restaient à l'intérieur. Une voix s'éleva à l'une des fenêtres :

« Laissez-nous sortir, qu'on puisse se battre honorablement ! »

« C'est Grimur », dit Apuluk.

Leiv hocha la tête. Il mit les mains autour de sa bouche et cria en retour : « Il me semblait pourtant que tu adorais les incendies meurtriers, Grimur, à moins que ce soit ton frère Rane ? »

Ce fut Rane qui répondit : « Laisse les femmes et les enfants sortir, Leiv Steinursson. »

« Ils peuvent sortir à condition que tu les suives », répondit Leiv.

Peu après Rane lui répondit : « Je sors avec eux pour te tuer, Leiv. »

Leiv cria aux Inuit qu'ils devaient laisser les femmes et les enfants sortir indemnes de la maison. Quand ceux-ci furent visibles dans l'encadrement de la porte d'entrée, il vit un homme aux cheveux clairs au milieu des autres, et il supposa que c'était Rane. Apuluk lui saisit le bras.

« Ce n'est pas Rane ! » s'exclama-t-il. Au même moment, ils entendirent le hurlement de rage de Pulituk le balafré qui, tout comme Leiv, croyait voir l'homme au sourire.

« Attention ! » hurla Apuluk. Il bondit et banda son arc. Écartant brutalement les femmes et les enfants, Grimur et quelques-uns de ses hommes surgirent par la porte et se ruèrent vers les Inuit. Le géant sanguinaire beuglait de fureur. L'écume jaillissait de sa bouche et coulait dans sa longue barbe rousse.

Les Inuit décochèrent leurs flèches presque simultanément, et c'est en essaim qu'elles s'enfoncèrent dans la poitrine de Grimur. Mais rien ne pouvait apparemment arrêter le géant. Hurlant comme un fou furieux, il dévala la pente douce devant la maison, pareil à un ouragan. Alors parut le père d'Apuluk. Il se posta, avec sang-froid, sur le chemin de Grimur, esquiva les moulinets de l'épée étincelante, et enfonça profondément, avec une sûreté impressionnante, sa lance dans le corps du géant. La lance cassa, et Grimur fit encore quelques pas chancelants, avant de s'écrouler en avant dans un hurlement atroce.

Les hommes de Grimur s'arrêtèrent net en voyant leur maître tomber. Ils firent volte-face et entreprirent de remonter vers la maison. Mais aucun d'entre eux ne l'atteignit. L'un après l'autre, ils tombèrent sous les flèches et les harpons des Inuit.

Leiv se précipita vers la maison. Il hurla aux femmes d'aller se cacher dans la bergerie, et tenta de pénétrer dans la maison en feu. Mais la chaleur, trop intense, l'obligea à ressortir.

« Où est Rane ? » cria-t-il.

Pulituk, qui avait jeté un œil à chacun des Norrois tombés, répondit : « Il n'est pas parmi les morts. Peut-être est-il encore dans la maison. »

« C'est impossible ! » Leiv regarda par la porte. Il voyait de grosses flammes ravager le couloir de l'entrée. « Demandons aux femmes. »

Ils allèrent à l'étable, où les femmes serraient leurs enfants contre elles, terrorisées à l'idée de ce qui allait leur arriver. Aucune n'espérait être épargnée, car toutes savaient quelles horreurs Grimur et Rane avaient perpétrées contre les Inuit. Il y avait quatre femmes libres, toutes épouses des fidèles de Grimur. Et il y avait six esclaves, dont deux qui avaient été volées à Thorstein.

« Où est Rane ? » demanda Leiv à une grande femme forte qui se tenait devant les autres. Elle soutint son regard avec hargne.

« Il n'y a pas de Rane ici », répondit-elle.

« Était-il parmi vous quand vous vous êtes réfugiées ici ? »

La femme haussa les épaules. « Parce que Rane est une femme ? Est-ce qu'un guerrier combat en se cachant parmi les femmes ? »

Une des esclaves de Thorstein s'avança vers Leiv. « Il était parmi nous quand nous sommes sorties, dit-elle. Il se cachait parmi les femmes libres. »

La rombière fit un pas et frappa l'autre à la bouche. « Tais-toi, espèce de vache stupide ! » siffla-t-elle. Elle frappa encore une fois, à en faire couler le sang sur le visage de la fille.

Leiv la repoussa. « Laisse-la ! » cria-t-il, furieux. Il regarda la jeune esclave dans les yeux. « Où s'est-il caché ? » demanda-t-il.

« Il est sorti par un trou dans le grenier à foin, répondit-elle. Peut-être va-t-il essayer de s'enfuir par la montagne. »

Leiv traduisit pour Pulituk. Celui-ci hocha la tête, satisfait. « S'il est en montagne, je le trouverai, dit-il. Il n'ira pas loin. »

Alors une autre femme libre fit un pas en avant. « Je sais où il est, dit-elle. Si vous épargnez les enfants, je vous le dirai. »

Leiv répondit : « Nous ne ferons de mal ni aux enfants ni aux femmes. Où est Rane ? »

« Derrière la montagne qui domine la ferme, le fjord comporte une petite crique. Là-bas, Rane a une petite maison, et aussi un petit bateau. Il va sûrement essayer de s'échapper avec ce bateau. »

Leiv la regarda. « Comment t'appelles-tu ? » demanda-t-il.

« Thorhilde, répondit-elle. Mon homme était le régisseur de Grimur. Il nous avait forcés à venir ici travailler pour son frère et lui. »

« Thorhilde, dit Leiv, nous ne vous ferons aucun mal. Des gens d'autres fermes vont venir vous chercher. Mais d'abord, nous devons tuer Rane. »

Devant la bergerie, Leiv expliqua aux Inuit ce que la femme avait dit.

« Pulituk et moi allons à la recherche de Rane, dit Leiv, et je vous demande de ne pas faire de mal à ceux qui sont dans la bergerie. »

Le père d'Apuluk répliqua : « Nous sommes venus faire le bien, pas le mal. »

Apuluk posa la main sur le bras de Leiv : « Je viens avec toi, Leiv. »

« Mais tu as du mal à courir avec ta jambe ! »

Apuluk sourit. « Je serai là quand il le faudra. »

Quand Leiv voulut partir avec Pulituk, il se rendit compte que celui-ci était déjà en train de gravir la montagne.

« Viens », dit-il à Apuluk, et les deux amis coururent vers le lit de la rivière pour entamer leur ascension.

Depuis la crête de la montagne, ils avaient vue sur une petite crique qui se frayait un chemin dans les rochers en dessous d'eux. Tout à fait en bas, tout près de la plage, ils aperçurent une petite maison en tourbe et, au mouillage devant la maison, un petit bateau avec un mât.

« Là-bas, il court ! » cria Apuluk, essoufflé.

« Où est Pulituk ? »

« Il a dû prendre un autre chemin, répondit Apuluk. Il faut arrêter Rane avant qu'il arrive à son bateau. »

Ils dévalèrent le flanc de montagne le plus vite qu'ils le purent. Soudain, Apuluk s'arrêta net. Il se pencha en avant et appela Leiv.

« Pulituk est mort ! » cria-t-il.

Leiv revint sur ses pas. Il vit la silhouette tordue de Pulituk. Il était presque coupé en deux par un violent coup d'épée en travers du dos.

« Il l'a attendu derrière ces grosses pierres, et l'a abattu par-derrière, ce misérable », ragea Leiv. Il se détourna du corps et regarda au bas de la montagne. Rane était à mi-chemin de la plage, mais n'avait apparemment pas aperçu ses deux poursuivants.

La rage donna des ailes à Leiv. Il survola quasiment le flanc de montagne. Mais cela n'allait pourtant pas assez vite. À son grand désespoir, il vit Rane entrer dans sa maison, puis en ressortir, une grande voile dans les bras. Le bruit des pierres que dans sa course Leiv faisait rouler attira l'attention de Rane. Il jeta la voile, dégaina et rit aux éclats.

« Ah, voilà le *skrælling* Leiv Steinursson. Bienvenue, mon garçon ! Viens ici et laisse-moi colorer tes cheveux du même rouge que la barbe de feu mon frère. »

Leiv courut jusqu'en bas et ne s'arrêta qu'à quelques pas de Rane. Il sortit son couteau du fourreau. « Un jour, ce couteau a caressé ta gorge, Rane. Maintenant, il a hâte de la retrouver. »

Rane tenta une attaque sur Leiv. Mais celui-ci s'esquiva vivement. Il savait qu'avec son seul couteau, il aurait du mal à faire face à Rane, entraîné à la bataille comme il l'était. Mais il savait aussi qu'il lui fallait abattre ce monstre. Il n'y avait pas la place pour ce genre d'hommes au Groenland.

Rane arborait son éternel sourire. Il avait perdu son casque, et son épaisse chevelure claire entourait sa tête comme un nimbe. Il rit, sûr de sa victoire, et donna un nouveau coup en direction de Leiv.

Cette fois-ci, Leiv recula de quelques pas pour ne pas être touché. Un de ses pieds heurta une pierre, il trébucha, perdit l'équilibre et tomba à la renverse. Rane fut sur lui en un éclair. Au moment où Rane brandissait son épée au-dessus de la tête de Leiv, celui-ci enfonça avec toute la force du désespoir son couteau dans la cuisse de son adversaire.

« Ta dernière heure est venue ! » hurla Rane, triomphant. Son sourire s'était transformé en une grimace hideuse. Il leva à nouveau son épée pour donner le coup de grâce à Leiv. Mais soudain il poussa un hurlement et se figea. Leiv avait fermé les yeux. Il était sûr qu'il allait mourir. Les pensées défilaient dans sa tête à toute vitesse. Dans une totale confusion, il revoyait tout, sa maison natale en Islande, les drakkars de Thorstein en partance pour le Groenland, les Inuit qui étaient devenus ses amis, et les visages de Narua et Apuluk. Il lui sembla attendre la mort une éternité.

Enfin, il rouvrit les yeux. À sa grande surprise, il vit les bras de Rane s'abaisser lentement, il le vit osciller, entendit des sons rauques, et aperçut enfin la flèche qui lui transperçait le cœur. Leiv s'empressa de rouler hors de portée du mourant.

Rane s'effondra et expira. Leiv s'agenouilla à son côté et leva les yeux vers la montagne. Là-haut Apuluk lui faisait des signes joyeux avec son arc.

« Il est mort ! » cria Leiv.

« Oui, bien sûr », répondit Apuluk.

Retour à l'estivage

... où l'on voit qu'à peine revenu, Leiv n'a qu'une chose en tête, repartir...

Sur le chemin du retour, ils passèrent chercher Sølvi et la fille de Thorstein sur l'île où ils les avaient laissées. Dans un premier temps, jusqu'au retour de Thorstein, il fallait qu'elles restent dans l'habitat des Inuit.

Les Inuit étaient satisfaits de l'heureuse issue de l'expédition. Bien que contrariés d'avoir dû tuer autant d'hommes, ils savaient que c'était là le prix pour débarrasser le monde des deux frères.

Sølvi était très admirée pour sa beauté et son esprit enjoué. Elle était toujours de bonne humeur, et les autres voyaient qu'elle se plaisait dans cette vie parmi eux.

Frida devint rapidement la coqueluche de tout le monde. Le vieux Shili s'éprit tant de la petite fille qu'il lui offrit une place dans sa tente. Il la considéra bientôt comme sa propre enfant et voulut, selon les traditions des Inuit, l'adopter. Mais Leiv s'y opposa.

« Elle a un père, rappela-t-il à Shili. À son retour, elle devra retourner auprès de lui. »

Shili hocha la tête. « On a vu ce que les autres ne peuvent pas voir, dit-il. L'homme qui est son père se trouve sur une vaste mer, et il lui faudra plusieurs années pour revenir. »

Leiv, qui savait que les chamans avaient souvent accès à des choses ignorées du commun des mortels, demanda :

« Mais est-il en vie ? »

« Il est encore en vie, répondit Shili, mais il se dirige vers des contrées inconnues d'où il ne reviendra peut-être jamais. »

Quelque temps après leur retour, les chasseurs tinrent à nouveau conseil. Il était temps de trouver un habitat pour l'hiver, et on discuta avec animation : fallait-il descendre vers le sud retrouver l'ancien campement, ou monter vers le nord à la recherche de lieux nouveaux ?

Le père d'Apuluk déclara alors : « Comme vous le savez, il y a beaucoup de Norrois dans le sud. Peut-être la rumeur du meurtre de Grimur et Rane leur parviendra-t-elle, et peut-être nombre d'entre eux ne comprendront-ils pas pourquoi les Inuit ont tué les deux frères. Nous souhaitons vivre en paix avec tous. C'est pourquoi je propose que nous partions vers le nord où nous ne rencontrerons pas d'étrangers. »

Aucun des chasseurs ne le contredit. Tous préféraient éviter d'éventuelles hostilités avec les Norrois. Et par ailleurs c'était très excitant d'aller à la recherche de nouveaux territoires de chasse. On se mit d'accord pour quitter le plus rapidement possible l'estivage et naviguer le long de la côte, vers ce nord si attirant.

Cette nuit-là, Narua, Leiv et Apuluk s'étaient couchés dans la grande tente familiale.

« Tu viens avec nous vers le nouveau campement d'hiver, Leiv ? » demanda Apuluk.

« Oui, bien sûr, je viens. »

« Mais tu ne veux plus jamais retourner parmi ceux de ton peuple ? » Narua leva la tête et dévisagea Leiv, curieuse.

« Ceux de mon peuple, c'est tous les humains, répondit-il. Par ailleurs, j'ai eu une idée. »

« Quelle idée ? »

« Avez-vous déjà entendu parler des deux pays nommés Markland et Vinland par les Norrois ? »

Narua hocha la tête. « On en a entendu parler avant toi, dit-elle, parce qu'il en est question dans nos vieilles légendes. Ce sont les pays où habitent les *erqitdlit*. »

« Oui, je sais. Et cela m'a fait penser qu'il n'était peut-être pas nécessaire de naviguer pendant des jours et des jours pour y aller. Les Inuit ont forcément visité ces pays-là, sinon ils ne pourraient pas en parler. »

Leiv se redressa et regarda ses amis, plein d'enthousiasme. « Je crois que les Inuit ont été poussés vers le Groenland, depuis le Markland et le Vinland, il y a très longtemps. Si d'ici on part vers le nord et que l'on continue à voyager dans la même direction, je crois qu'on arrive à un endroit où les pays se divisent. Peut-être la mer que nous connaissons n'est-elle qu'une gigantesque baie. Peut-être que depuis l'extrémité de cette baie, on peut à nouveau avancer en traîneau, suivre une côte inconnue vers le sud, pour un jour se retrouver au Markland. »

Apuluk soupira, avec un sourire résigné. « On voit qu'il y a encore beaucoup de norrois en toi, dit-il, parce qu'une idée aussi farfelue ne surgirait jamais de la tête d'un Inuk. Qu'est-ce que tu veux faire dans ces pays-là ? »

Leiv le regarda, surpris. « Ce que je veux ? Eh bien, je ne me suis pas vraiment posé la question. Mais ce serait amusant de voir s'il est possible d'y aller sans naviguer. »

Intimidée, Narua tripota la peau de renne qui couvrait son ventre.

« Si tu fais un tel voyage, dit-elle, je te suis. Parce que sans une fille avec toi, tu n'arriverais jamais à tenir en bon état tes habits de peaux. »

Apuluk s'étira sous ses peaux à lui. « Vous êtes vraiment bizarres tous les deux, soupira-t-il. Mais si vous partez, il vaut mieux que j'aille avec vous, histoire de vous surveiller. »

Leiv se rallongea. Il ferma les yeux et s'endormit bientôt. Et ses rêves se gorgèrent d'aventures vécues au cours d'un voyage incroyablement long à travers un pays totalement inconnu.

LIVRE 3
… ET SØLVI

Sur les lieux d'hivernage

... où Leiv repense à son Islande natale, s'inquiète pour Thorstein dont il est sans nouvelles, mais, par-dessus tout, rêve d'un grand voyage et s'en ouvre à Shinka...

Cet hiver-là, Leiv pensa souvent au cours aventureux qu'avait pris sa vie. De temps en temps, il lui semblait que l'Islande de son enfance, la ferme de son père, son cheval Gule, sa mère et ses petits frères et sœurs, oui, que tout ça c'était une histoire qu'on lui avait racontée, et que c'était au Groenland qu'il avait vraiment commencé à vivre.

Quand il parlait en islandais avec Sølvi, il cherchait souvent ses mots. C'était comme si l'inuktitut, la langue des Inuit, lui était plus naturelle dans l'environnement où il se trouvait.

Sølvi le taquinait quand il ne trouvait pas les bons mots, mais au cours de l'hiver, quand elle en eut elle-même appris suffisamment pour pouvoir parler avec Narua et les autres dans la maison commune, elle comprit que la langue des Inuit était plus facile à utiliser au Groenland, parce que cette langue exprimait avec simplicité et clarté bien des choses qui étaient étrangères à la langue islandaise.

Quelque temps après que les Inuit eurent tué Grimur et son frère Rane – lesquels avaient tant de victimes innocentes sur la conscience et constituaient un tel danger pour tous que, d'un commun accord, il avait été décidé de les éliminer – le groupe avait levé le camp pour monter plus au nord. Ils atteignirent des contrées que seuls les anciens du groupe avaient autrefois visitées, et s'installèrent à hauteur d'une longue île nommée Kigatak.

Ils construisirent là trois maisons d'hiver pour abriter tout le groupe.

La chasse était bonne à Kigatak, et au cours de l'automne ils remplirent un grand nombre de fosses à viande. Il se trouva, en plus, que l'on pouvait y chasser le phoque par les trous de respiration même à la période la plus sombre. C'est pourquoi personne ne souffrit de la faim cet hiver-là. On avait tout ce qu'il fallait en abondance et on pouvait s'adonner à de grands festins à la moindre occasion.

Apuluk et Leiv ne s'étaient pas joints aux Inuit quand ceux-ci étaient partis vers le nord. Les deux garçons avaient mis cap vers le sud, à bord de leurs kayaks, à la recherche de Norrois qui pourraient prendre soin des femmes et des enfants qu'on avait laissés à la ferme de Grimur.

C'est seulement aux abords d'Ukivik, le district qu'on appelle aujourd'hui Sisimiut, qu'ils rencontrèrent des gens de Vestribyggd qui cherchaient du bois flotté.

Leiv leur raconta les cruautés commises par Grimur et Rane à Stockanæs, et la façon dont les Inuit et lui-même avaient vengé les morts.

Les Norrois s'engagèrent à exposer le cas au grand *thing* de Gardar l'année suivante. Personne ne pensait, cependant, que Leiv serait condamné à résipiscence ni à s'acquitter d'une amende. Les meurtres des deux monstrueux frères n'avaient été que justice, et en fait un grand soulagement pour toute la population du Groenland. Ils promirent aussi à Leiv d'aller chercher ceux qu'on avait laissés dans le fjord de Grimur et de les ramener à Vestribyggd au cours de l'automne.

Leiv demanda des nouvelles de Thorstein, mais personne ne fut à même de lui dire quoi que ce soit. On n'avait pas vu son bateau, on ignorait même qu'il était en voyage. Le seul bateau qu'on ait vu était un bateau pirate anglais qui avait fait des ravages sur la côte pendant tout l'été. Les pirates avaient attaqué des fermes isolées, incendié les bâtiments, tué les hommes et emmené les garçons et les filles pour les vendre comme esclaves dans les pays du Sud.

Un autre bateau pirate, hollandais celui-là, était apparu à la hauteur de Vestribyggd, mais, en unissant ses forces, on avait réussi à chasser les intrus.

Leur promesse aux femmes de la ferme de Grimur ainsi tenue, Leiv et Apuluk purent enfin mettre cap vers le nord. Quand ils parvinrent au nouvel habitat, on avait déjà achevé la construction des grandes maisons d'hiver. Ces maisons, faites de pierres et de tourbe, étaient divisées en un grand nombre de petites pièces par des demi-cloisons et des couchettes. Chaque famille avait sa couchette où l'on dormait ensemble.

La cuisine commune était située dans la maison du bout. On y accédait par un long couloir. Tout était cuisiné dans cette pièce, à l'aide de bruyère, de tourbe et d'os, mélangés à du suif et à de l'huile de poisson.

Dans la maison, on utilisait de grandes lampes garnies de suif écrasé pour faire de la lumière et pour chauffer. On préférait la couenne des baleines blanches pour sa lumière claire et blanche, alors que la couenne de phoque donnait une lumière plutôt jaunâtre.

Narua, Leiv, Sølvi et Apuluk dormaient sur la même couchette. Dessous, ils conservaient les quelques affaires qu'ils possédaient, et au-dessus étaient suspendus leurs habits en peaux.

La couchette était couverte de peaux d'ours blancs et de rennes, et les murs de la maison étaient entièrement tapissés de peaux de phoques.

Le sol, qui était un peu plus haut que l'entrée pour mieux maintenir la chaleur qui, comme on le sait, monte toujours, était couvert de grosses pierres plates trouvées dans la montagne.

Cet hiver-là, deux choses en particulier occupèrent les pensées de Leiv. Qu'était devenu Thorstein ? Il avait quitté Stockanæs quelques semaines avant que sa ferme ne soit attaquée par Grimur et Rane, et depuis personne n'avait eu de ses nouvelles. Était-il jamais arrivé à Gardar avec Rollo, le petit moine ?

Et s'il était arrivé, pourquoi y restait-il ? Il savait qu'on avait grand besoin de lui et de ses hommes à Stockanæs.

Bien sûr, son bateau avait pu être détourné de son cours par une tempête. Il avait pu dériver jusqu'au grand large, jusqu'à ces bancs de brouillard dont d'autres marins avaient parlé. Ces bancs étaient redoutés parce qu'ils faisaient perdre le sens de l'orientation aux gens de la mer, si bien qu'ils ne savaient plus du tout où ils se trouvaient. Si c'était le cas, Thorstein avait pu aller jusqu'au Helluland, au Markland, ou encore au Vinland plus au sud où il aurait été obligé de trouver un refuge pour l'hiver.

Les pensées de Leiv tournaient sans cesse autour de ces pays lointains. Déjà tout petit, il avait entendu son oncle Helge en parler. Helge racontait le voyage au Vinland de Leif le Bienheureux, il y avait de cela bien longtemps. Il parlait aussi d'autres courageux navigateurs qui avaient suivi Leif le Bienheureux.

Leiv se souvenait surtout d'un Norrois du nom de Thorsfinn Karlsefni. Il était d'abord allé jusqu'au Helluland, ce que nous appelons aujourd'hui la Terre de Baffin, puis avait continué vers le sud le long de l'immense Markland appelé aujourd'hui Labrador.

Le premier hiver, Thorsfinn s'était installé dans une petite crique où Leif le Bienheureux avait lui aussi vécu. Là, il y avait une belle herbe verte pour le pacage du bétail, et des forêts giboyeuses.

L'été suivant, Thorsfinn et ses compagnons s'étaient installés plus au sud. Ils avaient construit un campement plus permanent avec de solides maisons en bois, et commencé à défricher cette terre fertile. Mais, comme cela était déjà arrivé aux colons du Vinland, ils n'avaient pas réussi eux non plus à résister aux indigènes.

Tant que les Norrois avaient eu de quoi faire du commerce, cela s'était à peu près bien passé. Mais une fois leurs stocks de marchandises épuisés, surtout les habits de bure, les émigrants n'étant plus d'aucune utilité pour les *skrællings*, ce fut la guerre. Or, les indigènes étaient largement plus nombreux, et les Norrois furent obligés de quitter ce nouveau pays.

Thorsfinn et ses hommes retournèrent au Groenland où pendant longtemps ils parlèrent de leurs expériences, et de ce pays fantastiquement riche à l'ouest.

Leiv était très attiré par ces trois pays. Il souhaitait s'y rendre un jour. Tout l'hiver, il réfléchit à la question, essayant d'imaginer comment il pourrait réaliser son rêve, et un jour il demanda au père d'Apuluk s'il avait connaissance de ces pays.

« On n'a jamais entendu les noms que tu prononces, répondit le père d'Apuluk, mais on a souvent entendu parler des pays de l'autre côté de la mer. De grands navigateurs sont allés en kayaks jusque là-bas en un seul été, et ils nous ont rapporté des histoires sur les animaux et les hommes de là-bas. »

« Il y a donc des Inuit ? » demanda Leiv.

Le père d'Apuluk hocha la tête. « Oui, il y a des Inuit, et ils parlent et vivent presque comme nous.

Il existe beaucoup de récits sur les Inuit qui vivent dans ces pays inconnus de nous. Mais dans ces pays dont tu parles, il y a aussi d'autres peuples. Nous les appelons *erqitdlit*, et ils sont malintentionnés envers nous. »

Leiv repensa longuement à cette conversation. La perspective d'aller visiter ces pays était alléchante. Un jour, il exposa son projet à Apuluk. Mais celui-ci hocha la tête en riant.

« Tu as déjà parlé de ce voyage, dit-il, mais je ne comprends toujours pas pourquoi nous ferions un tel effort. Notre peuple vient de là-bas, et si ça avait été bien là-bas, on peut supposer qu'ils y seraient restés. »

« On irait simplement voir un peu, tenta Leiv, il paraît que c'est très sauvage ! »

Apuluk continuait de secouer la tête. « Et il y aussi beaucoup d'*erqitdlit*, dit-il, qui adorent tuer des Inuit. »

« On pourrait au moins essayer de faire un petit tour vers le nord, insista Leiv, pour voir si ces pays sont reliés au Groenland. »

« Oui, évidemment, on pourrait faire ça, répondit Apuluk, un peu hésitant. Puisque c'est toujours agréable de voyager. »

Ce qui fut déterminant fut cependant une conversation qu'eut Leiv avec Shinka, le grand-père paternel de Narua et Apuluk, au lendemain du retour de la lumière, alors qu'on ressentait le printemps comme un fourmillement dans tout le corps.

Shinka

... où Leiv trouve auprès de Shinka de précieux renseignements et se décide à consulter Shili, le vieux chaman...

Un jour que Leiv était en montagne pour relever ses pièges à renards, il observa deux corbeaux noirs qui décrivaient de larges cercles contre le flanc de la montagne.

Soudain, l'un d'eux plaqua ses ailes contre son corps et chuta vers le sol en un plongeon redoutable. Juste avant de s'écraser contre la glace, il rouvrit ses ailes et remonta en amples cercles. Leiv savait que c'était la danse nuptiale des corbeaux. Il sut donc aussi que le printemps était bien là.

La vision des corbeaux raviva en lui toutes les rêveries concernant le long voyage. Et le soir, juste après le coucher du soleil, il alla voir Shinka, le grand-père d'Apuluk et de Narua, qui savait tout sur presque tout.

Shinka connaissait l'histoire des Inuit. Il avait raconté à Leiv comment ses ancêtres étaient arrivés de l'ouest à l'aube des temps.

Leiv s'assit sur la couchette du vieil homme. Après avoir raconté ce qu'avait donné sa chasse aux renards – il en avait pris deux – il demanda à Shinka :

« D'où viennent les Êtres Humains, Shinka ? »

Le vieil homme regarda gravement Leiv. Puis, il dit :

« Au début, le monde était habité par deux hommes seulement. Tous deux étaient de grands sorciers, avec beaucoup d'esprits auxiliaires, et ils souhaitaient vivement qu'il y ait davantage d'humains dans le monde. C'est pourquoi l'un d'eux se transforma en femme. Il transforma son corps de manière à pouvoir donner naissance à des enfants. Ensuite, ils procréèrent beaucoup d'enfants, et ainsi naquit l'humanité. »

Leiv secoua la tête.

« Ce n'est pas ça que je voulais dire, dit-il. Je voudrais savoir comment les Êtres Humains sont arrivés au Groenland. »

Shinka sourit. « Ah, bon, ça, c'est une tout autre histoire. Dans nos récits, on parle souvent du fait que les humains viennent d'un endroit de l'autre côté de la mer. On vient probablement tous de là-bas, parce que le pays que nous appelons Inuit Nunat, le Pays des Hommes, n'était pas habité par les Inuit avant nous. Quand les premiers Inuit arrivèrent ici, il n'y avait que des habitants des terres intérieures dont je t'ai déjà parlé en d'autres occasions. Mais de l'autre côté de la mer, il y a aussi des Inuit qui nous ressemblent sur bien des points. »

« Mais, demanda encore Leiv, combien de temps fallut-il naviguer pour traverser la mer et venir jusqu'ici ? »

« Ah, répondit Shinka, ce n'était pas loin, et ce n'était même pas nécessaire de naviguer. Très haut au nord, il y a un détroit très mince et qui est gelé une grande partie de l'année. On peut le traverser en traîneau à chiens. Quand mon père autrefois a traversé, la distance entre les deux pays n'était pas plus grande qu'aussi loin portent les yeux. On pouvait faire le voyage d'un pays à l'autre en moins d'une journée. Ainsi mon père l'a raconté, et pourquoi aurait-il menti ? »

« Et où se trouve ce détroit alors ? »

« Je ne le sais pas exactement, parce que je n'y suis jamais allé moi-même. Mais il paraît que c'est à ce point au nord que la lumière et la nuit sont égales : la moitié de l'année c'est la nuit, et l'autre moitié c'est le jour. »

Leiv remercia Shinka pour ces renseignements et retourna à sa couchette. Il repensa à ce que Shinka venait de lui raconter. Il savait que quand on montait vers le nord, les jours étaient de plus en plus longs en été, et de plus en plus courts en hiver. S'il y avait une demi-année de jour et une demi-année de nuit, ce détroit devait se trouver dans le nord absolu ; c'est en tout cas ce qu'il en déduisait.

Ce serait vraiment passionnant d'aller à ce point au nord, de traverser le détroit et de rencontrer les hommes de l'autre côté, même si certains d'entre eux, comme les *erqitdlit*, étaient hostiles.

Si seulement il pouvait persuader Apuluk de l'accompagner. Seul, ce serait probablement trop difficile. Non, décidément, il fallait qu'il en reparle avec Apuluk.

Les Inuit avaient accumulé de grandes réserves de viande qu'ils pourraient manger pendant l'hiver.

Dès que la glace s'était constituée, la plupart des espèces de phoques avaient gagné le large. Seuls les phoques marbrés étaient restés dans les fjords. On chassait régulièrement ce phoque à ses trous de respiration, mais il y avait bien sûr des jours, voire des semaines où la chasse n'était pas favorable. Il fallait alors puiser dans les réserves.

Leiv et Apuluk avaient, avec le père de ce dernier, un dépôt de viande à moins d'une heure de voyage de l'habitat. Le lendemain de la conversation entre Leiv et Shinka, les deux amis partirent chercher de la viande. Il faisait jour : le soleil pâle était bas dans un ciel sans nuage, et il gelait si fort que des vapeurs blanches sortaient de la truffe des chiens.

Arrivés au dépôt, ils eurent quelques difficultés à enlever les lourdes pierres qui devaient empêcher les animaux sauvages de chaparder la viande. Tout dans le dépôt était naturellement gelé en un bloc, et les garçons utilisèrent des pierres plus petites pour casser ce bloc en morceaux. Il y avait des phoques et des oiseaux. Les phoques étaient entassés, flanc contre flanc, de façon à pouvoir les détacher plus facilement les uns des autres.

Une fois qu'ils eurent chargé et recouvert méticuleusement les fosses, le voyage de retour commença. Leiv courait à côté du traîneau, une de ses mains reposant sur le montant.

« Que penses-tu qu'il faudrait que je dise au vieux Shili ? demanda-t-il à Apuluk. Il aimerait tellement adopter Frida, mais ce n'est pas possible, tant que nous ne savons pas si Thorstein est encore en vie. »

« Pourquoi pas ? » Apuluk le regarda, étonné.

« Parce que Thorstein voudra bien sûr qu'elle retourne avec lui. S'il revient. »

Apuluk hurla aux chiens de manière à leur faire longer la côte.

« Tant que Thorstein est absent, dit-il, le vieux Shili tient son rôle. Chez nous, il n'est pas rare qu'un enfant soit adopté alors que les parents sont encore en vie. »

« Chez les Norrois, ça ne se passe pas comme ça, répondit Leiv. Et Frida est toujours norroise. Si seulement je savais si Thorstein est encore en vie. »

« Tu peux demander au vieux Shili, lui conseilla Apuluk. Il est le seul à pouvoir te le dire. »

Et c'est ce que fit Leiv. Il avait une telle confiance dans les dons magiques du vieux chaman qu'il était persuadé qu'il serait capable de répondre à ses questions, s'il le voulait.

Le vieux Shili voyait et entendait des choses qu'il n'était pas donné aux gens ordinaires de voir ni d'entendre.

Quand ils furent rentrés avec la viande, Leiv alla donc le voir, avec un délicieux morceau de la croupe d'un jeune phoque, et il lui posa sa question.

Le vieux chaman poussa un profond soupir. Puis, il dit :

« Je comprends que tu veuilles savoir si le père de Frida est mort ou vivant. Mais je ne peux pas te répondre. »

« Tu ne peux pas essayer ? » demanda Leiv.

« Je suis vieux, et je n'ai plus les forces de ma jeunesse, répondit-il. Mais je peux évidemment essayer de demander de l'aide auprès des esprits auxiliaires. Peut-être seraient-ils d'accord pour nous aider. »

L'invocation des esprits

... où le vieux Shili, assisté de ses esprits auxiliaires, donne des nouvelles fort peu rassurantes...

Tout le monde dans la maison commune observait les préparatifs avec grand intérêt. Le vieux Shili se laissa lier les mains et les pieds avec de longues lanières. On l'installa assis sur sa couchette, puis les lampes furent mouchées les unes après les autres.

Les enfants se cachaient derrière leurs parents, un peu anxieux à l'idée des dangers de l'exercice. Mais ils étaient trop curieux pour ne pas regarder du tout. Parce que c'était vraiment passionnant. Ils ne voyaient pas grand-chose dans l'obscurité, mais entendaient d'autant mieux.

Le vieux Shili se mit à chantonner, et d'autres parmi les vieux se joignirent à son chant pour l'aider. Sa voix, d'abord ténue comme celle d'un nouveau-né, se renforça petit à petit pour enfin remplir la pièce d'une vibration qui faisait claquer les tentures de peaux. Soudain, on entendit des coups violents sur le grand tambour qui s'éleva du sol. Tout seul, le tambour remplit la pièce de ses coups tonitruants.

Les enfants tremblaient. Ils entendirent Shili gémir et se débattre dans ses liens serrés, puis hurler, de manière pitoyable :

« Je ne peux pas, je ne peux pas ! Je n'ai pas la force ! »

Mais les vieux qui l'entouraient l'encouragèrent :

« Continue, Shili, continue ! » tout en chantant pour l'accompagner dans son périlleux voyage. Un vent glacial traversa la maison. C'était un vent terrible, un vent de l'inconnu qui noua de terreur le cœur des humains.

« Voilà, il a disparu, chuchota Narua à Sølvi. Le vent l'a emporté. »

La jeune Norroise fixa l'obscurité, terrorisée. Elle ne voyait que des silhouettes floues, des ombres diluées qui n'étaient peut-être que le reflet de sa propre imagination. Elle entendait la voix du vieux chaman qui venait maintenant de quelque part en dehors de la maison.

« Oh, oh, il vit », entendait-on. La voix s'éloignait de plus en plus. « Oh, il vit, le couteau doit tuer le mal. »

Shinka cria : « Où est-il ? Où est-il ? »

Il se passa un long moment avant que vienne la réponse. Ils entendirent d'abord un renard glapir par le trou de fumée, et le vent effroyable souffler avec rage au-dessus du toit. Enfin, la voix de Shili se fraya un passage à travers le tumulte. Elle était faible, presque inaudible.

« Vers le nord, entendirent-ils. Vers le nord. Oh, le couteau… »

Apuluk tressaillit, anxieux. Dans la tige de son kamik, il sentait la présence du couteau que Thorstein lui avait offert. Était-ce là le couteau dont parlait le vieux Shili ?

La voix disparut à nouveau complètement. Le fracas assourdissant du tambour flottait toujours dans l'air et couvrait maintenant tous les autres bruits.

À nouveau le renard glapit, cette fois-ci par le couloir d'entrée, et Apuluk, qui sentait Sølvi se serrer contre lui, terrorisée, essaya de la calmer.

« Ce ne sont que les esprits auxiliaires, chuchota-t-il. Ils ne font de mal à personne. »

Un long moment s'écoula avant que l'âme du vieux Shili ne réintègre son corps. Ils l'entendirent gémir et se plaindre comme s'il souffrait les pires tourments. Et puis, soudain, il demanda de sa voix de tous les jours qu'on rallume les lampes et qu'on détache ses liens. Après avoir bu une gorgée d'eau, s'être frotté poignets et chevilles pour refaire circuler le sang, il s'allongea, épuisé, sur sa couche.

« On n'a pas vu Thorstein en personne, dit-il. On a fait un voyage dans l'inconnu, mais on n'a pas vu Thorstein. »

« Mais vit-il ? » demanda Leiv, anxieux.

« Peut-être vit-il, répondit-il, ce qui parlait par ma bouche disait qu'il vit. »

« Tu parlais du nord, insista Leiv. Comment peut-il être vers le nord, alors que son bateau était parti vers le sud ? »

« On n'en sait rien, si ce n'est que ce qui parlait par ma bouche disait vers le nord. »

« Et le couteau ? » Apuluk s'était penché, avec une certaine anxiété, par-dessus la couche du vieux chaman.

Shili secoua la tête. « On sait seulement ce que sa bouche a exprimé pour quelqu'un d'autre. De cela, on comprend que Thorstein est possédé par quelque chose de mal, et que seul un certain couteau peut venir à bout de ce mal. On n'en sait pas plus. »

Le vieil homme tourna maintenant le dos aux garçons. L'invocation des esprits avait été épuisante, et il avait besoin de se reposer.

Le soir même, alors que les quatre amis étaient installés sur leur couchette, ils parlèrent naturellement de cette invocation des esprits.

« Que voulait-il dire en précisant que seul un couteau pouvait venir à bout du mal ? » s'étonna Apuluk.

« Moi, je trouve plus curieux encore son histoire de nord, dit Leiv. Que ferait Thorstein dans le nord, alors qu'il était parti vers le sud du Groenland pour déposer Rollo à Gardar ? »

Apuluk tapota ses incisives de l'un de ses ongles.

« Je suppose quand même que cela ne te dérange pas trop qu'il soit dans le nord », dit-il en rigolant.

Leiv le regarda, un peu étonné. « Que veux-tu dire ? »

« Tu meurs d'envie d'aller vers le nord. Maintenant tu as une bonne raison d'y aller, pour rechercher Thorstein. »

« Ah oui ? » Leiv sourit largement. « Tu viens avec moi ? »

Apuluk hocha la tête. Il ferma un instant les yeux pour mieux s'imaginer les pays immenses qui s'étalaient au nord et à l'ouest.

Narua, qui était assise à côté de Leiv, le dos appuyé contre le mur, dit :

« Si vous partez, je pars avec vous. » Elle le dit avec une détermination tout à fait inhabituelle chez les jeunes filles inuit, et Leiv et Apuluk éclatèrent de rire.

« Qui te dit que nous avons envie de t'emmener ? » la taquina Leiv.

Narua leva sa main jusqu'au toupet de ses cheveux.

« C'est tes habits qui te le diront quand ils se déchireront, et ton ventre quand il aura faim », répondit-elle. Elle sortit l'aiguille que Thorstein lui avait offerte d'un petit tube en os qu'elle portait dans la tige de son kamik, et elle la tint devant elle, dans le halo de la lampe à graisse. Narua adorait son aiguille. Avec cette aiguille, elle pouvait faire toutes sortes de coutures, même celles qui étaient très difficiles à réaliser avec les traditionnelles aiguilles en os.

Sølvi, qui était assise les jambes pendantes par-dessus le bord de la couche, occupée à ramollir des kamiks à l'aide d'un bâton kamiut, dit, sans lever les yeux :

« Peut-être qu'une autre fille pourrait également être d'un brin d'utilité au cours d'un tel voyage. » Pour qu'Apuluk et Narua la comprennent, elle le dit dans la langue des Inuit qu'elle parlait maintenant convenablement.

Narua hocha la tête, énergiquement.

« Ah, oui, Sølvi, il faut que tu viennes. »

Elle regarda son grand frère d'un air suppliant.

Apuluk ne répondit pas. Il tripotait pensivement la lanière de l'amulette qu'il portait sur son torse nu. Sølvi le regarda, à la fois impatiente et inquiète de sa réponse. Ce fut Leiv qui répondit.

« Sølvi n'a pas l'habitude de voyager, et en plus, Frida ne peut pas se passer d'elle. »

Narua remit l'aiguille dans son tube en os.

« Ça ne pourra faire que du bien à Frida de rester seule avec le vieux Shili. Elle apprendra plus rapidement notre langue si elle n'a pas de Norrois à proximité. »

« Mais Sølvi n'a pas l'habitude de voyager, objecta Leiv. Elle n'a jamais fait de voyage en traîneau. »

« Toi non plus, la première fois que nous sommes partis ensemble », répondit Narua.

Apuluk se leva. Il alla vers la couche de ses parents. Une fois un peu éloigné, il se tourna et regarda Sølvi.

« S'il se trouve que tu as envie de voyager, tu peux venir sur mon traîneau à moi », dit-il tout bas. Son regard passa de Sølvi à Leiv.

« Quand partons-nous ? »

Leiv fixa longuement les yeux de son frère adoptif. Puis, il sourit et dit :

« Dès que nous sommes prêts. »

Sølvi

... où la jeune esclave norroise découvre, émerveillée, l'ivresse de voyager et se prend à rêver, elle aussi, de pays lointains...

Apuluk et Leiv préparèrent le long voyage. Ils refirent les liens des deux traîneaux, vérifièrent les attelages des chiens et leurs armes de chasse.

Les filles ravaudèrent les habits en peaux, confectionnèrent de petits kamiks aux chiens, à utiliser si la glace leur blessait les pattes. Elles aplatirent de la couenne pour la lampe, et l'entassèrent pour qu'elle ne coule pas. Et elles firent des provisions de viande séchée pour les animaux et pour eux-mêmes.

Au changement de lune, la petite expédition se mit en route. C'était un matin ensoleillé à la fin de ce mois que nous appelons mars. Le froid mordait sévèrement les joues, mais la neige était dure et les traîneaux glissaient aisément.

Sølvi était installée sur le traîneau d'Apuluk et Narua sur celui de Leiv.

Ils quittèrent l'habitat sans se faire particulièrement remarquer, comme c'est l'usage chez les

Inuit. On part en voyage quand on en a envie, et on revient quand le voyage est terminé.

À peu près au moment du départ de la petite équipe, le bruant des neiges fit son apparition au Groenland. Même si cette année-là il arrivait exceptionnellement tôt, et bien qu'il gèle encore sévèrement, c'était l'annonce du printemps. Maintenant, c'est accompagnés par ce petit oiseau qu'ils allaient vers le nord, vers le toit du monde.

Le pays était partout couvert de neige. Dans les fjords, la neige était épaisse et solide, et les traîneaux glissaient rapidement et avec aisance sur la croûte que les nombreuses tempêtes d'hiver avaient lissée et durcie.

Pour Sølvi, ce voyage en traîneau vers des contrées inconnues était une véritable aventure. À seize ans, elle n'avait jamais fait de voyage en traîneau, et elle était bouche bée d'admiration devant la force des chiens d'Apuluk et son habileté à les diriger. Elle était confortablement installée, beaucoup trop absorbée par ce monde nouveau pour sentir le froid.

« Il faudra que tu descendes du traîneau de temps en temps, lui cria Leiv. Sinon, tu auras froid. »

Sølvi hocha la tête. « Je n'ai pas froid du tout », répondit-elle, mais elle sauta quand même à terre et courut aux côtés d'Apuluk.

C'était agréable de courir dans les kamiks que Narua lui avait confectionnés. Ils étaient faits en peaux de phoque, munis de chaussettes en peau de lièvre et d'épaisses semelles en peau de phoque barbu. Entre les semelles intérieure et extérieure, il y avait du foin bien sec : elle savait qu'il fallait le faire sécher tous les soirs pour éviter que les kamiks ne soient froids le matin.

Sølvi avait appris beaucoup de choses cet hiver-là parmi les Inuit. Et pendant qu'elle courait, elle pensait à tout ce qui lui était arrivé au cours de l'année passée.

D'abord, bien sûr, il y avait eu ce raid dramatique de Grimur et Rane à Stockanæs, juste après le départ de Thorstein. Cela avait été un moment terrible où elle avait été témoin de beaucoup de meurtres. La fillette de Thorstein et d'Helga, Frida, ainsi qu'elle-même, étaient les seuls survivants du massacre. Et Sølvi et Frida n'avaient survécu que grâce à Helga qui les avait envoyées en montagne dès qu'elle avait aperçu le bateau des assassins dans le fjord.

Elle pensait avec terreur au temps qu'elle avait passé avec Frida dans la montagne au-dessus de Stockanæs. Elles avaient vu les cadavres entre les maisons, et elles avaient souffert de la faim et du froid. Tout le temps elles avaient craint le retour de Grimur et de son frère.

Mais Leiv et Apuluk étaient heureusement arrivés avant. Et ils avaient emmené Sølvi et Frida dans une petite grotte où elles s'étaient cachées, le temps que les deux garçons et leurs compagnons inuit aient assouvi leur juste vengeance sur ces deux monstres.

Une fois les deux frères hors d'état de nuire, Leiv était revenu les chercher, Frida et elle, et les avait ramenées à l'habitat des Inuit. Elle avait vécu là plus d'une demi-année. La vie des Inuit était totalement différente de celle qu'elle avait connue chez les Norrois. L'habitat des Inuit était comme une grande communauté, sans maître et presque sans biens personnels. On partageait la chasse selon un rituel bien précis, de manière à ce que même les moins favorisés aient leur part tant qu'il y avait encore de la viande.

À son grand étonnement, Sølvi avait découvert que les Inuit ne connaissaient pas Dieu. Ils croyaient en d'autres choses, surtout aux esprits qu'ils craignaient, et avec qui ils essayaient constamment de rester en bons termes.

Les Inuit avaient par contre un monde de légendes aussi riche que les Norrois. Elle avait entendu raconter nombre de ces vieilles légendes au cours de l'hiver, où les vieux du groupe passaient ces journées et ces nuits si longues et si sombres à rapporter les aventures de leurs ancêtres. Sølvi avait compris que les Inuit, tout comme les Norrois, n'avaient pas toujours vécu au Groenland. Peut-être étaient-ils arrivés au Groenland à peu près au moment où Erik le Rouge avait fondé Brattahlid, la première ferme dans le sud.

Essoufflée, elle sauta à nouveau sur le traîneau. La course l'avait mise en nage, et elle repoussa son capuchon de manière à libérer sa tête, tout en regardant vers Leiv qui menait son attelage parallèlement à celui d'Apuluk.

« Comme c'est curieux, pensa-t-elle, que ce garçon norrois et moi, nous nous trouvions chacun sur un traîneau à chiens dans cet étrange pays. J'espère que nous allons vraiment trouver le Helluland comme Leiv le désire tant. Helluland, Markland, Vinland, des noms mystérieusement attirants. Le pays des rochers, le pays de la forêt et le pays de l'herbe. »

Sølvi savait que ces trois pays avaient souvent été visités par les Norrois. Elle avait aussi entendu Shinka raconter que ces pays étaient si immenses qu'on pouvait voir le soleil s'y coucher, et qu'il fallait une vie entière pour les traverser d'un bout à l'autre.

Pour Sølvi, l'idée d'un si long voyage n'avait rien d'effrayant. Elle aimait la manière de vivre des Inuit, se déplacer d'un lieu à un autre, chasser au jour le jour ce dont on avait besoin.

Mais ce qu'elle appréciait par-dessus tout, c'était ses nouveaux amis. Chez Thorstein, elle avait été esclave, et une esclave n'a pas le temps d'avoir des amis. Il lui avait fallu seulement travailler et dormir, parce que les esclaves n'ont pas de temps pour eux. Même bien traitée par Helga, elle ne devait jamais oublier qu'elle n'était pas libre, qu'elle appartenait à Thorstein. Et même si elle était maintenant en voyage avec Narua, Leiv et Apuluk, elle appartenait toujours au maître de Stockanæs. Elle était sa propriété, et il pouvait exiger sa présence si un jour il était de retour.

Le soir, ils campèrent au nord de quelques hautes îles que l'on appelait les Îles aux Eiders. Apuluk parla aux autres des très grandes colonies d'oiseaux qui séjournaient là en été. Il y était venu une fois avec ses parents, quand il était tout petit. C'était il y a si longtemps, dit-il, que Narua n'était encore qu'un bébé dans l'*amaut* de sa mère.

« Quand nous y passerons au retour, ces îles seront recouvertes d'oiseaux », dit-il.

Leiv sourit. « Qui sait ? Peut-être que ce sera l'hiver noir quand nous repasserons ici, ou peut-être que ce sera l'été prochain. »

Narua hocha la tête et déposa une pierre brûlante dans la marmite. « Si nous n'avons pas été massacrés par les *erqitdlit* entretemps, parce qu'alors là, on ne reverrait jamais ces îles. »

Des traces inquiétantes

... où Apuluk montre qu'il s'y connaît en matière d'ours...

Il ne fallut pas longtemps à Sølvi pour mesurer quel savoir et quelle expérience étaient nécessaires à un chasseur lorsqu'il se déplace loin de la sécurité de l'habitat. C'était là le monde des hommes, leur univers de chasse, et Apuluk fit montre de savoirs qui étonnèrent Sølvi.

Ils voyageaient sur la banquise, et la neige portait encore bien les traîneaux, même s'ils rencontraient de temps à autre des zones de congères molles et lourdes.

Quand la neige était ferme, ils avançaient bon train, mais là où elle s'était trouvée à l'abri du vent derrière des plaques de glace amassées ou des congères, il fallait se frayer un chemin. Les chiens disparaissaient dans la neige, et les traîneaux avançaient lentement, les patins totalement enfouis.

Un jour, alors qu'ils venaient de dépasser une zone de neige molle, Apuluk fit signe de s'arrêter. Il marcha devant les deux traîneaux pour faire la trace pour les chiens.

« Il y a eu des ours ici ! cria-t-il aux autres. Venez voir ! »

Les trois autres accoururent, et il leur montra de profondes traces dans la neige.

« Là, c'est une mère avec son petit », expliqua-t-il.

Leiv examina les traces. « Les grandes traces, là, demanda-t-il, est-ce un troisième ours ? »

Apuluk s'agenouilla et dessina le contour d'une énorme patte.

« Il y a eu deux grands et un petit, dit-il. Vous voyez ce qui s'est passé ? »

Les trois autres firent non de la tête, et Apuluk enchaîna, en montrant les traces de son doigt.

« La femelle a quitté son gîte d'hiver prématurément. Elle était peut-être dans une des cavités des icebergs devant lesquelles nous venons de passer. Quelque chose l'a réveillée, peut-être que l'iceberg a un peu bougé, ou craqué. En tout cas, quelque chose l'a fait partir. Elle s'est creusé un chemin de sortie, et elle est partie avec son petit dans la gueule. »

« Les oursons sont donc si petits ? » demanda Sølvi, toute surprise.

« Ils ont à peu près la taille d'un chiot à la naissance, répondit Apuluk, et ils n'ont pas du tout de fourrure. Rien n'est aussi désarmé qu'un ourson qui vient de naître. Il est tout nu, et aveugle, et s'il ne se réfugie pas tout de suite dans l'aine de sa mère, il meurt de froid. »

« Tu crois que l'ourson est mort de froid quand ils ont quitté leur gîte d'hiver ? » demanda Sølvi en regardant les traces.

« Non, je ne crois pas, sinon il n'y aurait pas eu ces traces, répondit Apuluk. Mais ici il y a eu une bataille à mort. La mère a déambulé à la recherche d'un abri sûr pour son petit et elle, et un ours mâle a repéré ses traces. Il l'a suivie pour manger l'ourson. Rien n'a aussi bon goût pour un ours mâle qu'un petit ourson. »

« Ils mangent leurs propres petits ? » Sølvi frissonna. « La pauvre maman. »

Apuluk rit. « Je pense que tu devrais plutôt avoir pitié du mâle. Parce que rien n'est plus dangereux qu'une femelle avec un petit. »

Il montra les traces maculées de sang. « Il y a eu une bagarre terrible. La femelle a défendu son ourson face au mâle rendu fou par la faim. Mais d'après ce que je vois, c'est la femelle qui a gagné. C'est d'ailleurs presque toujours le cas. »

Il montra à nouveau les traces. « Oui, continua-t-il, sûr de lui, le mâle était affamé. Il était maigre et affaibli. Regardez ses traces, regardez comme les pattes sont tournées vers l'intérieur. Sur un gros ours en bonne santé, elles auraient été tournées vers l'extérieur. »

Apuluk suivit les traces sur quelques mètres. « Ici, vous voyez des traces nettes de la femelle. Elle s'est dirigée vers les glaces à la dérive, là où les loups ne la suivraient pas. »

Leiv suivit les traces du mâle qui se dirigeaient vers la terre. Il y avait des taches rouges dans ces traces et tout autour.

« Tu crois qu'il est toujours dans les parages ? demanda-t-il. On le suit, Apuluk ? »

Sølvi regarda Apuluk. « Ah, oui, tuons-le, un ours qui mange son propre bébé ! »

Apuluk l'observa, soudain grave. « Un ours suit son instinct, dit-il, et il n'y peut rien. Pas plus que nous-mêmes ne pouvons faire autrement qu'agir comme des êtres humains. » Il hocha la tête. « Mais suivons-le, on a toujours besoin de nourriture fraîche pour les chiens. »

Ils retournèrent aux traîneaux et prirent leurs armes. Puis ils suivirent les traces qui se dirigeaient vers la côte et les premières collines.

Dans un renfoncement dans la neige, ils découvrirent le mâle. Il essaya de se lever en les voyant, mais n'en avait plus la force. Il ne pouvait qu'osciller sa tête sur son long cou et hurler avec fureur. Le sang coulait doucement de sa bouche qui était déchirée jusqu'à l'oreille gauche.

« On dirait qu'une ourse qui défend son petit est un ennemi redoutable », chuchota Narua.

Apuluk s'empara de sa lance, s'approcha de l'ours et la lui enfonça profondément dans le cœur. L'ours s'écroula dans une profonde expiration.

« Souviens-toi, Leiv, dit-il, que si tu es attaqué par une ourse avec un petit, il faut toujours tuer la mère en premier. Si tu tues l'ourson en premier, tu peux être pratiquement sûr de ne pas t'en sortir. Rien ne peut arrêter une ourse qui protège son petit. »

Ils dépecèrent l'ours, et Narua et Leiv retournèrent chercher les traîneaux. Bientôt, ils eurent chargé toute la viande fraîche par-dessus le reste de leurs bagages, et quand ils reprirent leur chemin, Sølvi s'exclama :

« Ce soir, il y aura un festin pour les chiens. Tu as bien fait de le tuer, Apuluk, je crois qu'il souffrait beaucoup. »

Apuluk hocha la tête. Il tapota affectueusement la peau de l'ours sur laquelle ils étaient maintenant assis. « Il ne souffre plus, dit-il, maintenant il va faire plaisir aux chiens et se rendre utile en qualité de nouvelle couverture pour nous. »

La tempête

... où Leiv fait preuve d'un certain manque d'expérience, mais se sort malgré tout d'un mauvais pas grâce à Narua...

Après des jours et des jours de voyage – ils ne savaient pas combien, parce qu'aucun d'entre eux ne tenait le compte du temps qui passait – ils furent surpris par une tempête. Elle se leva brusquement, comme les tempêtes de printemps ont la fâcheuse habitude de le faire, avec pour seul présage quelques minutes de bourrasques.

Apuluk fit signe à Leiv qui menait son attelage un peu en retrait du sien, et lui cria qu'il fallait immédiatement dételer les chiens et se mettre à l'abri.

Mais Leiv n'entendit rien. Avant même qu'il soit parvenu à hauteur de son compagnon, un vent brutal l'avait rattrapé. Narua qui, comme son frère, avait compris ce qu'annonçaient les violentes bourrasques, arrêta illico les chiens. Elle courut vers l'avant détacher les traits de manière à ce que les chiens puissent eux-mêmes se mettre à l'abri des bourrasques. Alors qu'elle était encore là, sur le point de libérer les harnais, elle fut bousculée par un coup de vent si violent qu'elle tomba à la renverse.

Leiv se jeta sur elle pour la maintenir plaquée contre la glace.

« Qu'est-ce qu'il faut faire ? » hurla-t-il, désemparé. Il regarda autour de lui à la recherche d'Apuluk, mais il n'avait que de la neige dans les yeux.

« Tourne le dos au vent, cria Narua, ce n'est que le début, ça va être bien pire ! »

Elle prit Leiv par la main et ils tournèrent tous les deux le dos au vent.

« Il faut qu'on essaye de renverser le traîneau ! » cria-t-elle à son oreille, mais il ne l'entendit pas. « Renverser le traîneau ! Renverser le traîneau ! » hurlait-elle aussi fort qu'elle le pouvait. Elle s'obstina jusqu'au moment où Leiv lui fit signe qu'il avait compris.

Il se mit à genoux, rampa jusqu'à l'arrière du traîneau dont il agrippa le montant. À ce moment-là, une violente rafale souleva à moitié le traîneau. Leiv en profita pour pousser de toutes ses forces, et réussit à retourner le traîneau avec son lourd chargement qui glissa sur quelques mètres avant de s'immobiliser, le montant profondément enfoncé dans la neige.

« Narua, Narua ! » cria Leiv.

« Je suis là, juste derrière toi, répondit-elle. Il faut qu'on essaye d'entasser de la neige côté vent. »

Ils pelletèrent à mains nues la neige contre le traîneau jusqu'à en couvrir totalement le triangle entre le montant et l'extrémité du patin côté vent. Puis, ils s'enfoncèrent dans le petit abri ainsi créé sous le traîneau.

Narua se tourna vers Leiv.

« Les chiens n'ont pas eu le temps de se libérer des traits. Il faut qu'on essaye de les détacher, sinon ils risquent de s'étrangler. »

Leiv se tâta pour vérifier qu'il avait bien son couteau sur lui, puis il ressortit dans les hurlements de la tempête. Le vent se jeta sur lui de toute sa force. Leiv se colla contre la glace pour éviter d'être emporté. Entre les violentes bourrasques, il rampa jusqu'à l'endroit où ils avaient laissé les chiens. Ils étaient encore couchés entre les traits qui étaient à moitié emmêlés, comme toujours quand on fait du traîneau. Les chiens étaient rassemblés en un gros tas, la tête enfouie sous leur queue touffue, et ils couinèrent de plaisir quand ils le flairèrent. Leiv se fraya un chemin jusqu'au milieu du tas, et commença à détacher les traits qui étaient encore liés aux harnais avec de courtes clavettes d'os rentrées dans de petits anneaux en os eux aussi. Quand il eut fini, il tira les traits vers lui et les enroula autour de sa taille pour que le vent ne les emporte pas.

Puis il chercha à revenir vers le traîneau et Narua. Mais tout n'était qu'un grand tourbillon de neige, et les traces de ses pas étaient déjà totalement recouvertes. Il avait bien un vague sentiment de la direction qu'il lui fallait prendre, mais il n'était plus sûr de rien.

Pour ne pas trop s'éloigner, il s'arrêta de temps à autre pour écouter. Et soudain il entendit la voix de Narua à travers les hurlements du vent. Elle ne venait pas du tout de là où il la croyait, et vers où il se dirigeait en rampant.

Rapidement, il se releva et se jeta en avant vers la voix. Mais elle disparut à nouveau dans le fracas de la tempête et dans le sifflement rageur des bourrasques. Il fut renversé et roula dans la neige, poussé par le vent. Sa bouche se remplit de neige ; il eut l'impression de s'étouffer. Puis, il heurta quelque chose de dur qu'il agrippa avec les mains et sentit l'extrémité d'un patin.

« Leiv, Leiv ! » hurla à nouveau Narua.

« Ici ! » cria-t-il désespéré. « Ici, près du traîneau ! »

Narua se pencha en dehors de l'ouverture qu'elle avait maintenu dégagée, et elle tâtonna le long du patin jusqu'au moment où elle toucha un des kamiks de Leiv.

« Tu peux lâcher, cria-t-elle. Je te tiens ! »

Leiv lâcha le patin et se tourna de manière à pouvoir attraper la main de Narua. Lentement, il réussit à se glisser sous le traîneau.

Longtemps, il resta à haleter péniblement pour retrouver son souffle. Il sentit à peine que Narua lui retirait la fourrure extérieure.

« Il ne faut pas que tu te mouilles, dit-elle, parce que nous n'avons pas de feu pour sécher nos habits. »

Leiv se releva autant qu'il le put sous l'exigu plafond du traîneau. Il retira son pantalon en peau de phoque et le passa à Narua qui le brossa soigneusement de la main pour enlever jusqu'au dernier flocon de neige.

« Mets-toi sous les peaux, dit-elle, sinon tu vas prendre froid. »

Pendant que Leiv se débattait avec les traits, Narua avait découpé les peaux du chargement et les avait étalées sous le traîneau. Leiv se glissa entre les peaux, et quand Narua eut enlevé toute la neige de leurs habits à tous les deux, elle se glissa à côté de lui.

« Tu devrais enlever tous tes vêtements, comme moi, dit-elle, et les mettre sous les peaux. Cela chassera l'humidité et tes vêtements ne seront pas raides. »

Leiv fit comme elle avait dit, et bientôt ils furent couchés tous les deux entre les épaisses peaux, se réchauffant l'un l'autre.

« C'est bizarre, j'ai la tête lourde », dit-il.

Narua hocha la tête. « C'est normal. Beaucoup de gens réagissent comme ça pendant les tempêtes. C'est comme quand un capuchon d'anorak est trop serré. »

Leiv enfonça son long couteau dans les planches du fond du traîneau.

« Que peut-il être arrivé à Sølvi et Apuluk ? » demanda-t-il.

Narua rit. « Ils s'en sortent sûrement mieux que nous, vu que c'est eux qui ont le sac de provisions. »

Narua avait raison. Dès qu'Apuluk avait senti les premiers coups de vent, il avait dirigé son traîneau vers la terre ferme. Il s'était arrêté derrière un grand tas de neige, avait rapidement libéré les chiens des harnais et crié à Sølvi :

« Essaye de renverser le traîneau de manière à ce que le vent ne l'emporte pas. »

Sølvi fit comme il avait dit, sans poser de questions. Elle réussit à retourner le traîneau sur le côté, et aidée par les bourrasques, elle parvint même, après bien des tentatives, à le retourner complètement. Elle se blottit en dessous et attendit Apuluk.

Une fois le traîneau entièrement recouvert de neige, elle commença à avoir peur qu'Apuluk n'ait été emporté par le vent. Mais soudain elle entendit sa voix et vit un trou apparaître dans le mur de neige.

« Essaye de passer par le trou ! cria-t-il. Attrape ma main et ne la lâche pas ! »

Sølvi réussit à passer par le trou et à sortir au-dehors. Le temps était effroyable. Le ciel se mêlait à la terre, tout n'était plus qu'un enfer blanc, hurlant et beuglant, piquant comme mille aiguilles son visage. Elle agrippa la main d'Apuluk et se laissa tirer sur la glace. Et soudain, elle fut à l'abri. Apuluk la lâcha, et elle enleva la neige de devant ses yeux. Elle se trouvait dans une petite grotte qu'Apuluk avait creusée dans une congère. Le plafond était tout juste assez haut pour qu'elle puisse s'asseoir, et l'abri était suffisamment large et long pour qu'ils puissent s'allonger complètement.

Elle se tourna joyeusement vers Apuluk, mais il avait déjà redisparu dans la tempête.

Cette fois-ci, il revint très vite. Il lui passa les peaux pour dormir et le sac de provisions. Lui-même suivit. Après s'être nettoyé de toute la neige, il obtura le trou d'entrée, en laissant simplement un tout petit triangle en haut : il appela cela « le nez ».

Sølvi étala la nouvelle peau d'ours pour dessous, et posa dessus les peaux de rennes qui étaient cousues ensemble.

« Où peuvent bien être Narua et Leiv ? » demanda-t-elle, inquiète.

« Ils se débrouillent, répondit Apuluk. Narua sait ce qu'il faut faire. »

Il poussa le sac de provisions contre le bas du mur.

« Tu penses que cette tempête va durer combien de temps ? » demanda Sølvi.

Apuluk secoua la tête. « Difficile à dire, répondit-il, deux jours, trois peut-être. »

« Trois jours ? » Sølvi regarda autour d'elle dans la petite grotte. « Nous allons rester ici pendant trois jours ? »

Apuluk rit. « Oui, sauf si tu préfères sortir. Ici, nous sommes en sécurité, nous pouvons dormir et rester au chaud, et nous avons même à manger. »

Il fouilla un peu dans son sac et en sortit sa planchette à feu, le foret, et sa courroie de tendon.

Sølvi observa, ébahie, la manière dont il transforma une braise dans la planchette, en très peu de temps, avec sa vrille à feu, en petites flammèches dans la mousse sèche. Bientôt, sa lampe brûla avec de nombreuses flammes jaunes qui donnaient à la fois lumière et chaleur.

« Tu as faim ? » demanda Apuluk.

Sølvi secoua la tête. « Pas trop. Il vaut mieux économiser nos provisions. Mais je suis fatiguée, et je me sens la tête étrangement lourde. »

« C'est la tempête, dit Apuluk. Dormons. » Il enleva tous ses habits et se glissa nu entre les peaux.

Sølvi resta quelques instants à regarder la lampe, hésitante. Bien sûr, elle avait déjà vu des gens nus, et elle avait déjà été nue avec d'autres. Dans l'étuve à Stockanæs, filles et garçons se retrouvaient ensemble, et dans la maison commune de l'habitat d'hiver, les Inuit étaient également nus parce qu'il faisait souvent très chaud à l'intérieur. De même, ils avaient dormi sans leurs habits au cours du voyage parce que les peaux se révélaient plus chaudes si on couchait nu. Mais à ce moment-là, ils étaient ensemble, tous les quatre. Maintenant, il n'y avait qu'Apuluk et elle.

Elle voyait bien que Leiv et elle ne vivaient pas leur nudité avec le même naturel que Narua et Apuluk. C'était comme s'ils en avaient un peu honte.

Apuluk leva la tête et lui sourit.

« Tu n'es pas fatiguée ? » demanda-t-il.

Sølvi hocha la tête. Puis, elle se défit résolument de tous ses habits et se coucha à côté d'Apuluk. Elle resta étendue sur le dos, sans faire le moindre mouvement, et elle sentit la chaleur se répandre depuis les poils creux des peaux de rennes.

Quand Apuluk se leva pour moucher quelques-unes des mèches afin d'économiser le suif, elle vit combien son corps était beau. Et sans se rendre compte de ce qu'elle faisait, elle avança la main et la laissa glisser sur la peau dorée du dos d'Apuluk.

Apuluk se retourna et la regarda, un peu surpris. Il lui prit la main et se glissa à nouveau sous les peaux.

Cette nuit-là, Sølvi pensa à Helga. Et elle pensa à toutes les autres filles qu'elle avait connues, à Stockanæs. Elles racontaient toujours plein d'histoires au sujet de ce que les garçons leur faisaient dans les prés ou dans les étables. Elles avaient aussi parlé de façon péjorative d'Apuluk alors qu'il était alité dans la halle, chez Thorstein, avec une jambe cassée, pouffant et disant qu'il n'était sûrement pas fait comme les autres garçons, vu que c'était un *skrælling*. Helga avait souvent mis le holà à leurs bavardages en les réprimandant sévèrement. Dieu avait créé tous les hommes à Son image, disait-elle, et pour Dieu tous étaient égaux.

Sølvi serrait la main d'Apuluk et se sentait en sécurité. Aucun garçon norrois, excepté Leiv, n'avait été aussi bon envers elle qu'Apuluk. Avec lui tout était merveilleux et amusant. Elle s'étira et se tourna vers lui. Il murmura quelque chose d'incompréhensible dans son sommeil et posa un bras lourd par-dessus sa poitrine.

Sølvi mit beaucoup de temps à s'endormir.

Toute la journée du lendemain, ils restèrent sous les peaux à bavarder.

Sølvi raconta sa vie à Apuluk. Elle était née dans des îles qu'on appelait les Féroé. Ces îles se trouvaient au sud de l'Islande qui se trouvait elle-même, comme il le savait, au sud du Groenland.

Elle ne se rappelait plus grand-chose de là-bas, parce que sa mère et elle avaient été capturées par des pirates anglais lorsqu'elle n'avait que quatre ans. Son souvenir le plus net était celui du capitaine des pirates qui était gros comme un ours et avait une barbe grasse qui pendait en longues tresses fines.

Sa mère et elle avait été emmenées en Norvège, où elles avaient été vendues comme esclaves à un riche négociant qui, immédiatement, les avait revendues à un fermier islandais. Pendant sept ans, elles avaient été esclaves chez ce fermier. Puis sa mère mourut, et elle-même fut vendue à Thorstein de Stockanæs où elle devait s'occuper de la petite Frida qui venait de naître. Comme elle était esclave, elle avait été obligée de suivre Thorstein au Groenland, quand celui-ci avait été banni pour avoir tué le père de Leiv.

Apuluk écouta toute son histoire en silence. Quand elle eut fini, il s'exclama, indigné :

« Mais on ne peut pas vendre des gens ! »

Sølvi hocha la tête. « Si, en Islande et dans beaucoup d'autres pays, ça se fait. Chaque année beaucoup de gens se retrouvent en esclavage. »

Apuluk fixa le plafond de neige. Puis, il dit : « Ta mère venait elle aussi des îles Féroé ? »

« Non, elle était née en Angleterre. Mon père était des îles Féroé, et quand il a épousé ma mère, elle l'a suivi jusqu'à ces toutes petites îles loin dans la mer. Mon père a été assassiné quand les pirates ont attaqué sa ferme et nous ont capturées, ma mère et moi. »

Apuluk se tourna et la dévisagea d'un air scrutateur.

« Je n'arrive pas à comprendre, dit-il, mais sans doute suis-je un peu bête. Comment quelqu'un peut-il posséder quelqu'un d'autre ? »

« C'est comme ça, répondit Sølvi. Et je suis toujours l'esclave de Thorstein. Je suis sa propriété, et il peut me vendre et me traiter comme ça lui chante. »

Apuluk fixa le couteau qu'il avait enfoncé dans le mur de neige.

« Si je tuais Thorstein et que je te volais, est-ce qu'à ce moment-là tu m'appartiendrais ? »

Sølvi hocha la tête. « Oui. Mais Thorstein et Helga ont toujours été gentils avec moi. Ce n'était pas trop dur d'être esclave à Stockanæs. »

« Mais tu lui appartiens » – Apuluk montra du doigt la lampe à graisse – « un peu comme cette lampe m'appartient. »

« Oui, c'est ça. Lui seul peut me rendre ma liberté. » Sølvi lui jeta un coup d'œil. « Tu aimerais me posséder, Apuluk ? »

Apuluk réfléchit longuement. « Oui, répondit-il enfin, mais pas en tant qu'esclave. Chez nous, il n'y a pas d'esclaves. Nous sommes tous libres et chacun décide pour soi. »

Sølvi trouva sa main sous la peau. Elle dit doucement :

« J'aimerais bien être à toi, même si c'était en tant qu'esclave. »

« Si Thorstein mourait, est-ce que tu serais libre ? »

« Non, Frida m'aurait en héritage. Je lui appartiendrais à elle. »

« Mon vœu à moi, c'est que tu sois libre », dit Apuluk. Il serra sa main un instant, puis se leva pour élargir le petit trou de respiration dans le mur.

La tempête s'apaisa aussi brusquement qu'elle s'était levée.

Au cours de la deuxième nuit qu'ils passèrent enfouis sous la neige, Sølvi fut réveillée par le froid. Elle se tourna vers Apuluk et se rendit compte qu'il avait disparu. Puis, elle vit qu'un trou avait été creusé vers l'extérieur et qu'une lumière aveuglante pénétrait par le trou.

Elle bondit hors des peaux et se fraya un chemin à travers le trou. Et là-bas, à seulement une cinquantaine de mètres de leur congère de neige, Leiv,

Narua et Apuluk étaient en train de dégager le traîneau de Leiv qui était renversé et enfoui sous la neige.

Sølvi bondit vers eux en criant de joie.

Tous les trois se retournèrent et la regardèrent, ébahis. Puis, ils éclatèrent tous de rire.

« Le vent a emporté tes habits, Sølvi ? » plaisanta Leiv.

Sølvi s'arrêta et se regarda. Elle était entièrement nue, comme elle l'avait été sous les peaux, mais la joie la remplissait de chaleur et elle ne sentait pas le froid ambiant. Elle se mit à rire avec eux, et à la surprise de Leiv, elle se mit à danser sur la neige durcie. Sølvi n'avait jamais été si heureuse. Elle se sentait complètement libre, elle n'appartenait qu'à elle-même, et elle aimait Narua et Leiv et le monde entier. Et surtout Apuluk.

« Quelle mouche l'a piquée ? murmura Leiv déconcerté. Est-ce que la tempête l'a rendue folle ? »

« Quand un Être Humain ressent une très grande joie, dit Narua, il ne peut pas faire autrement que de chanter et danser. C'est une habitude chez les Êtres Humains. Dans ces moments-là, les jambes ne peuvent plus se tenir tranquilles et la joie jaillit de la bouche avec des mots un peu bêtes. »

Apuluk contempla Sølvi avec un grand sourire.

« Sølvi est un Être Humain comme Narua et moi, dit-il à Leiv. Toi, tu es encore un vrai Norrois si tu peux t'étonner à la vue de quelqu'un qui a reçu le cadeau de la joie. »

Sølvi tomba dans la neige, étourdie par sa danse. Elle riait toujours à pleine gorge. Puis, elle sauta sur ses pieds et courut vers l'abri pour récupérer ses vêtements. Elle s'habilla, renroula les peaux et rangea le sac de provisions.

Quand elle ressortit, Apuluk était en train d'atteler les chiens. Elle attacha le sac au montant et étala les peaux sur le chargement.

Les deux traîneaux se remirent en route au moment où le soleil pointait comme un immense arc de cercle rouge tendu au-dessus du dos bleuâtre de l'inlandsis.

Assise sur le traîneau, Sølvi contempla, émerveillée, la lumière grandissante qui lentement se répandait comme un éventail sur les flancs de montagnes couverts de neige. Elle avait le visage tourné vers l'est, le côté de son corps exposé au vent.

Apuluk, lui, était concentré sur les chiens qui cherchaient le meilleur passage à travers les amas de glaces.

Sølvi posa sa main sur son dos, et il tourna la tête pour la regarder. Elle se mit à rire, et son rire était à ce point contagieux qu'Apuluk ne put s'empêcher de rire avec elle.

Sur le traîneau derrière eux, Leiv pinça les lèvres, un peu inquiet.

« Je crois qu'ils sont devenus fous, ces deux-là », murmura-t-il.

Narua ne lui répondit pas. Elle enfonça sa tête dans le capuchon de son anorak, et au fond d'elle-même, elle rit avec les deux autres.

D’autres Hommes

... où on apprend que l’on ne dérange pas un chasseur à l’affût...

Neuf jours après la tempête, les deux traîneaux approchèrent une gigantesque presqu’île qui aujourd’hui encore s’appelle Nugssuaq. Là, ils rencontrèrent un homme. Au cours du voyage, ils avaient vu de nombreuses traces d’Inuit, mais toujours des traces anciennes qu’ils n’avaient jamais suivies.

Narua aperçut l’homme avant les autres. Elle appela Apuluk et lui fit un signe vers l’ouest, vers les glaces.

Apuluk monta sur le traîneau et regarda. Au loin, il aperçut un chasseur à l’affût devant un trou de respiration de phoque.

Apuluk arrêta son traîneau et courut auprès de Leiv.

« Restons ici, dit-il, sinon on va déranger sa chasse. Il est peut-être là, à attendre, depuis des heures, et si nous arrivons avec nos traîneaux, les phoques vont fuir. »

Ils restèrent à attendre sur les traîneaux. Ils voyaient le chasseur penché, totalement immobile, au-dessus du trou de respiration, son long harpon brandi et paré.

Soudain, il le lança et un hurlement de joie leur fit comprendre qu'il avait touché le phoque.

Apuluk et Leiv poussèrent eux aussi des hurlements, et lancèrent leurs traîneaux en direction du chasseur solitaire. L'homme appartenait à un groupe d'Inuit dont ni Narua ni Apuluk n'avaient jamais entendu parler.

Il s'appelait Kitorak et était arrivé au Groenland depuis l'ouest de nombreuses années auparavant.

Avec d'autres immigrants, il était allé vers le nord, et il raconta qu'il avait hiverné près d'une large mer gelée la majeure partie de l'année.

Malgré l'abondance de rennes et de bœufs musqués, il n'avait jamais vraiment apprécié cette région. Et quand ses compagnons de groupe avaient cherché à aller plus à l'est, il avait choisi de repartir, seul, vers l'endroit où il était arrivé au Groenland. Ici, il avait trouvé le groupe d'Inuit avec qui il vivait maintenant.

Kitorak les invita à le suivre jusqu'à son habitat. Il ajouta qu'ils avaient quitté leurs maisons d'hiver et étaient en route vers le sud. C'est pourquoi ils séjournaient en ce moment dans des igloos. Il faisait encore trop froid pour dormir sous les tentes.

Les quatre jeunes suivirent Kitorak. Il avait de gros chiens bien nourris. On voyait bien que l'hiver avait été bon, sans période de famine.

Arrivés sur la terre ferme, ils obliquèrent vers le sud et rejoignirent, à l'embouchure d'un étroit fjord, un large chemin tracé par des traîneaux. De temps à autre, Kitorak se retournait, leur faisant des signes de main et poussant des cris en guise d'encouragement, un grand sourire sur son visage buriné par le soleil.

Bientôt, des huttes de neige apparurent. Une rangée de petites bosses qui, à première vue, ressemblaient à de simples tas de neige.

À la vue de l'habitat, Kitorak poussa des cris puissants et enthousiastes qui firent sortir les gens de leurs igloos. Tous s'attendaient à ce qu'il annonce la capture d'un animal particulier, avec ces cris-là, et grande fut leur surprise en voyant les deux traîneaux inconnus.

Et encore plus grande fut la surprise quand les traîneaux furent si près que les gens purent voir ce qu'il y avait dessus. Apuluk et Narua ressemblaient bien à des Êtres Humains, mais Leiv et Sølvi étaient réellement sensationnels. Beaucoup d'enfants s'enfuirent dans les igloos d'où ils jetaient des coups d'œil effrayés par-dessous les peaux tendues devant les ouvertures.

Le convoi s'arrêta sur la plage devant l'habitat. Kitorak raconta à ses compagnons sa rencontre sur la banquise, et il montra Leiv et Sølvi du doigt, expliquant qu'il n'y avait aucunement lieu d'avoir peur d'eux malgré leur apparence étrange. Leiv, dit-il, était presque comme un véritable Être Humain. Il parlait leur langue et se comportait comme un Inuk. La fille avec les étranges cheveux clairs était un peu différente. Elle parlait encore comme un enfant, mais elle était douce et rieuse.

Les habitants regardèrent longuement, muets, les étrangers. Narua et Apuluk n'avaient rien d'inquiétant. Ils ressemblaient en effet parfaitement à n'importe quels Êtres Humains. Mais personne ne se sentait totalement à l'aise avec le jeune homme aux cheveux clairs. Ses cheveux étaient de la même couleur que ceux de la plus vieille personne du groupe, et ses yeux étaient bleus comme de la glace d'eau douce. Il était terriblement grand et avait l'air grave, presque sinistre.

Ils regardèrent Sølvi et s'émerveillèrent. Elle aussi avait les cheveux clairs, mais ses cheveux à elle brillaient avec le même éclat que les rayons du soleil. Ses yeux étaient encore plus bleus que ceux du jeune homme, ils étaient comme le ciel quand il se tend au-dessus de la glace un beau jour de printemps. Son visage était rond et doux, et quand elle sourit, ils virent qu'elle avait de belles dents blanches et une petite fossette à chaque joue.

Kitorak invita les étrangers à rentrer dans son igloo. On allait leur construire une maison d'hôtes, mais avant que la maison soit prête, ils pouvaient loger chez lui.

Les Inuit aidèrent à décharger les traîneaux. Kitorak et quelques-uns des autres hommes découpèrent de la viande pour les chiens et les nourrirent abondamment.

Apuluk tira les deux attelages de chiens jusqu'à la plage. Avec son couteau il ménagea un trou dans une grande plaque de glace et y passa les traits. Une fois les chiens ainsi solidement attachés, il retourna à la maison de Kitorak.

Il y avait beaucoup de gens dans la maison, parce que c'était on ne peut plus passionnant d'avoir de la visite.

La femme de Kitorak leur servit de la viande bouillie, et fit en sorte qu'ils aient constamment la bouche pleine, à tel point qu'ils avaient du mal à répondre à toutes les questions qu'on leur posait.

Ils n'avaient pas terminé leur repas qu'on criait de l'extérieur que la maison d'hôtes était prête. À toute vitesse, ils rampèrent dehors, par le couloir étroit de l'igloo, curieux de voir comment il était possible de construire une maison en si peu de temps.

C'était une magnifique petite maison en neige. Sølvi, qui n'avait jamais habité un igloo, regarda joyeusement autour d'elle. Il y avait une large couchette en neige où ils pouvaient dormir tous les quatre. Les Inuit avaient étalé leurs peaux, et la lampe de voyage d'Apuluk brûlait dans une petite niche dans le mur. À côté de l'entrée, une plaque de glace d'eau douce avait été encastrée de manière à laisser pénétrer la lumière du dehors.

Kitorak, qui comprit que les voyageurs étaient fatigués parce qu'ils avaient fait route toute la nuit, leur proposa de dormir un peu, de manière à être en pleine forme pour la fête qu'on allait organiser le soir en leur honneur. Il quitta la maison des hôtes et poussa un bloc de neige devant la porte pour qu'ils puissent dormir en paix.

La fête

... où la tradition de la fête est respectée, et où Sølvi, bien qu'un peu déconcertée par les mets, séduit tout le monde...

Sølvi se réveilla au bruit de gens qui parlaient et riaient.

Elle se redressa, engourdie, et regarda autour d'elle. Puis, elle se souvint où ils étaient, et quand elle se tourna vers Apuluk, elle vit que lui aussi était réveillé.

« La fête a commencé », dit-il.

« Alors, pourquoi ne nous ont-ils pas réveillés ? » demanda Sølvi.

« Chez nous, on ne réveille jamais quelqu'un qui dort », répondit-il.

« Pourquoi pas ? »

Apuluk se leva et avança la main pour prendre sa fourrure en duvet d'oiseaux qui était suspendue au séchoir sous le plafond.

« Parce que, dit-il en enfilant l'anorak par-dessus sa tête, quand nous dormons, nous mourons un petit peu. Quand tu dors, ton âme part en voyage, et si on réveille ton corps au mauvais moment, il n'est pas sûr que ton âme puisse retrouver son chemin. »

Sølvi hocha la tête. C'était là une explication qui lui semblait raisonnable.

« Moi aussi, je crois qu'on meurt un petit peu quand on dort », dit-elle. Elle regarda vers Leiv et Narua, et sourit. « Je crois que leurs âmes sont en train de revenir. »

Leiv s'étira et poussa quelques sons incongrus. Puis, il s'appuya sur son coude et se frotta les yeux.

« Ouaf, ça fait du bien de dormir un peu », murmura-t-il.

Le toupet en broussaille de Narua émergea. Elle dormait entre Sølvi et Leiv.

« C'est pas des tambours qu'on entend ? » demanda-t-elle.

« Si, la fête a commencé depuis longtemps, répliqua Apuluk, il vaut mieux qu'on se lève. »

Une des filles de Kitorak était postée devant la maison des hôtes à les attendre. Elle les accompagna jusqu'à la maison de fête, un très grand igloo construit pour l'occasion.

Dans l'igloo, ils furent accueillis avec une hospitalité tumultueuse. Ils furent installés sur des peaux particulièrement précieuses, étalées sur le sol, et on les invita à manger autant qu'ils le pouvaient de nombreux mets délicieux qu'on leur avait préparés.

Et il y avait là de quoi se remplir l'estomac ! Il y avait de la viande de renne séchée, de la viande de phoque dans de nombreuses préparations, fraîche, pourrie, bouillie ou séchée. Il y avait des petits poissons que l'on nomme capelans, des guillemots bouillis, du saumon, des mergules confits, des myrtilles marinées dans de l'huile de poisson et le contenu d'un estomac de renne.

Il y avait du mattaq de narval et de baleine blanche, et on servit de délicieuses côtes de bœuf musqué grillées ainsi que de la viande d'ours congelée.

C'était là un repas somptueux et tout le monde sentait bien que c'était une fête merveilleuse dont on se souviendrait longtemps.

À cette époque-là, tout comme aujourd'hui, les Inuit étaient toujours prêts à faire la fête. La moindre occasion pouvait générer de grandes festivités. Ainsi, par exemple, on fêtait le moment où un enfant se faisait peigner les cheveux pour la première fois, quand il avait fait ses premiers pas, quand un garçon rapportait son premier phoque, ou, comme maintenant, quand on avait de la visite.

Apuluk, Narua et Leiv mangeaient sans retenue. Sølvi, qui n'avait pas été habituée à une telle diversité de mets, était un peu plus réticente.

Leurs hôtes les pressaient tout le temps de manger encore, et très vite Sølvi eut l'impression que décidément c'était trop.

Au cours du repas, ils se racontèrent mutuellement ce qu'ils avaient vécu. On parla du temps, de la chasse, et des déplacements des différents groupes. Quand Leiv fit allusion aux bateaux des Norrois, Kitorak dit qu'ici aussi on avait vu un bateau, mais un bateau étrange et peu avenant, avec un équipage hostile qui avait tué deux des meilleurs chasseurs du groupe. Un grand bateau, précisa-t-il, qui était resté un temps au sud de l'habitat, mais qui était ensuite reparti vers le nord, avant que la glace ne se forme.

« Tu es sûr qu'il est parti vers le nord ? » demanda Leiv avec intérêt.

« Sûr, répondit Kitorak, parce que plusieurs chasseurs en kayak l'ont suivi à distance pour s'assurer qu'il quittait bien le pays. »

« Est-ce qu'il y avait des gens comme Sølvi et moi à bord ? » s'enquit Leiv.

Kitorak consulta quelques-uns des autres chasseurs, puis répondit :

« Ceux qui ont vu les étrangers de près disent qu'ils étaient plus sombres de peau, et que leurs cheveux étaient presque comme ceux des Êtres Humains. Ils avaient des mentons très poilus, mais soit noirs soit marron foncé. »

Après le repas, qui dura plusieurs heures, les divertissements commencèrent. Les hommes se tiraient les doigts ou jouaient à cache-cache, et soudain un des anciens sortit son tambour. C'était un petit tambour, comparé à ceux qu'on utilisait dans le groupe du vieux Shili. Il n'avait pas non plus le même son caverneux. Mais les chansons qu'accompagnaient les coups de tambour étaient presque les mêmes que celles qu'on chantait dans l'habitat de Narua et Apuluk. Et quand les autres dans la maison se mirent à chanter, le frère et la sœur se joignirent à eux.

Au cours du chant, un jeune chasseur bondit et se plaça face à Sølvi.

Il dansa devant elle, tout en fredonnant une chansonnette rigolote qui fit rire tout le monde aux éclats.

Sølvi bondit à son tour et se mit à danser avec le jeune chasseur. Elle imitait ses mouvements avec une précision qui emplit la maison de fête de rires joyeux.

« Elle danse comme un Être Humain », s'exclamèrent les vieilles femmes.

« Ah, oui, regardez, ce n'est pas seulement ses jambes qui dansent, c'est tout son corps, c'est ses bras, son cou, ses yeux, ses cheveux ! C'est une grande danseuse, et elle ressemble vraiment beaucoup à un Être Humain. »

Apuluk contemplait Sølvi avec fierté, et Leiv, qui remarqua son regard, chuchota à Narua :

« À le voir, on dirait que c'est lui qui l'a faite. »

Narua sourit, frappant dans ses mains au rythme de la chanson. Avant que Leiv n'ait eu le temps de rajouter quoi que ce soit, elle bondit elle aussi et se lança dans la danse. Toute la nuit, et l'essentiel du lendemain, on fit la fête. Quand on était fatigué, on se couchait, histoire de dormir quelques heures, pour ensuite se réveiller et poursuivre les festivités. C'est seulement quand quelqu'un signala qu'il n'y avait plus rien à manger que la fête s'estompa lentement.

Certains regagnèrent leur propre igloo pour se reposer, mais la plupart des chasseurs attelèrent leurs chiens et partirent directement de la fête sur leurs terrains de chasse pour trouver de quoi reconstituer les stocks de provisions.

Toujours plus au nord

... où l'on reprend le voyage, forts des renseignements précieux de Kitorak...

Au grand dam de leurs hôtes si avenants de l'habitat de Kitorak, Apuluk et Leiv décidèrent de repartir dès le lendemain de la grande fête.

Le soleil était maintenant haut sur le ciel et il faisait si chaud dans la journée que de petites flaques de fonte se formaient sur la glace où ils allaient passer. Il n'y avait donc pas de temps à perdre s'ils voulaient atteindre cet été-là le détroit menant au Helluland.

Kitorak, qui connaissait bien les lieux, leur avait méticuleusement décrit le chemin à prendre pour le détroit. Il leur avait donné des informations précises sur les passages coupés par les courants, et sur les grottes dans lesquelles ils pourraient trouver refuge pour la nuit.

Tôt le matin, ils partirent sur la banquise pour reprendre le voyage interrompu.

Au nord de la presqu'île de Nugssuaq, ils trouvèrent à nouveau de la neige profonde. Difficile de la traverser, les chiens s'y enfonçant constamment et les traîneaux se bloquant sans arrêt.

Au début, ils allaient de l'avant à tour de rôle pour faire la trace. Les chiens s'épuisaient rapidement et la distance parcourue quotidiennement se faisait de plus en plus courte, jour après jour.

Apuluk savait que là où il y avait beaucoup de neige, c'était dangereux. Il savait que l'épaisse couche de neige empêchait la glace d'entrer en contact avec l'air froid de la nuit, et que la glace s'usait par en dessous du fait des courants. Elle était de plus en plus fine et pouvait facilement se rompre.

C'est pourquoi il voulait être seul à marcher en avant, enfonçant son long piquet dans la glace. Mais les autres ne voulurent pas en entendre parler. Ce travail délicat devait être partagé à égalité entre eux, disaient-ils. C'est seulement quand Sølvi passa à travers la glace à la hauteur de quelques îlots rocheux qu'Apuluk obtint ce qu'il voulait. Il avait une plus grande expérience, il fallait que les autres se plient à cela.

D'ailleurs, les autres avaient suffisamment de choses à faire, parce qu'il fallait maintenir les chiens constamment en mouvement. D'une part pour que le traîneau ne se coince pas, d'autre part pour éviter que les chiens ne se blessent les pattes. Dès que les traîneaux s'arrêtaient, les chiens se mettaient à se lécher les coussinets pour en ôter la neige. Et sans rien ressentir, ils s'arrachaient les poils. Les pattes se mettaient à saigner et devenaient très vite douloureuses.

Aux pattes des chiens blessés, ils nouèrent les petits kamiks que les filles avaient confectionnés avant le départ. Mais les kamiks eux aussi posaient des problèmes. Il fallait les vérifier chaque fois qu'on faisait halte, parce que s'ils étaient trop serrés, les pattes pouvaient facilement gangrener. Après s'être débattus pendant une semaine dans une neige lourde et molle, ils arrivèrent enfin dans une zone que la neige avait pratiquement désertée. Ici la glace était brillante et lisse à perte de vue.

Ils se rapprochèrent de la terre ferme à la recherche d'une grotte que Kitorak leur avait décrite et conseillée pour une nuit.

La grotte était située tout près de la glace, mais difficile à trouver pour celui qui n'en aurait pas entendu parler, parce qu'elle était protégée par un nœud de montagnes au nord et par des récifs longs et dentelés qui s'étendaient comme un bras replié autour de l'ouverture de la grotte.

Au creux de ce bras replié, ils installèrent les chiens, et quand ils eurent déchargé les traîneaux, Apuluk et Leiv partirent à la chasse pour trouver de la nourriture pour les chiens, pendant que les filles rendaient la grotte habitable pour leur retour.

Pris au dépourvu

... où Leiv et Apuluk, occupés à traquer un troupeau de rennes, vivent une aventure particulièrement déplaisante...

Après quelque temps de recherche, Apuluk trouva des excréments frais de rennes dans une large vallée qui menait du fjord vers une montagne basse à l'est.

Ils constatèrent que les rennes devaient être affamés, parce qu'ils avaient en plusieurs endroits creusé à travers un demi-mètre de neige pour atteindre la mousse et le lichen dont ils raffolent.

Ils suivirent les traces du troupeau en remontant la vallée et la montagne que le vent avait balayées. Il n'y avait presque plus de neige, le sol était visible et tout ce qui était mangeable avait été arasé.

Apuluk plissa les yeux et scruta les flancs de montagne. Soudain, il se figea.

« *Umiarssuak*, souffla-t-il, surpris. Regarde, Leiv, un grand bateau. »

Dans une petite baie, ils virent la silhouette d'un bateau figé dans les glaces.

Leiv mit la main en visière contre le soleil. « Il a dû y passer tout l'hiver, dit-il. Ils ont dû se faire piéger par les glaces tard à l'automne. »

« C'est le bateau de Thorstein ? » demanda Apuluk.

« Non, ce bateau-là est beaucoup plus grand que son bateau à lui. Le mât est beaucoup plus haut aussi. Je n'ai jamais vu ce genre de bateau avant », répondit Leiv.

« Peut-être y a-t-il des survivants à bord », dit Apuluk. Il observa, un peu inquiet, le bateau.

« Si c'est le cas, ils ont dû passer un hiver abominable, constata Leiv. Viens, allons voir. Peut-être pourrons-nous faire quelque chose. »

Ils redescendirent la montagne et traversèrent l'étendue de la glace en direction du grand bateau.

Apparemment, il n'y avait pas âme qui vive à bord. Personne ne se manifesta à l'approche des garçons.

Un peu hésitants, ils allèrent tout près et contournèrent la proue. Des hommes avaient vécu là, de toute évidence, parce qu'à tribord ils trouvèrent pas mal de déchets jetés par-dessus le bastingage.

« Regarde. » Apuluk se pencha en avant et ramassa une côte de renne soigneusement rongée. « Cet os n'est pas là depuis longtemps. La moelle est encore fraîche et… »

Il n'eut pas le temps d'en dire plus. L'air fut soudain déchiré par de grands cris stridents, et une horde d'hommes lourdement armés sautèrent par-dessus bord et leur tombèrent dessus.

La bagarre prit vite fin. Leiv n'eut même pas le temps de tirer son couteau, et l'arc d'Apuluk lui fut arraché des mains avant même qu'il eût posé une flèche sur la corde.

Brutalement, les garçons furent ligotés et jetés à bord du bateau. Sur le pont, un grand homme maigre les agrippa, les renversa au sol et leur passa, rapide comme l'éclair, de lourds anneaux autour des chevilles.

Ainsi ferrés, ils furent balancés dans la fosse à coups de pied et là, ils furent liés par une chaîne à trois autres prisonniers.

Leiv leva les yeux, et poussa un gémissement de surprise quand il se rendit compte que le visage qu'il fixait n'était autre que celui de Thorstein.

« Bienvenue à bord, Leiv Steinursson, dit Thorstein avec un petit sourire ironique. J'aurais vraiment préféré te souhaiter la bienvenue ailleurs. »

« Thorstein ? Que fais-tu ici ? Tu es prisonnier aussi ? »

Thorstein montra ses pieds enchaînés. « Je suis leur prisonnier depuis août », dit-il.

« Qui sont les deux autres ? Est-ce que Rollo est là aussi ? »

« Eux, c'est Sigurd et Helge que tu connais pour les avoir vus à Stockanæs. Non, Rollo est mort. Ces démons l'ont tué tout de suite parce qu'ils n'aiment pas les chrétiens. Rollo a été assassiné, ainsi que la plupart de mes hommes. Il ne reste que nous trois. »

« Mais comment ça s'est passé ? »

Thorstein accola son dos contre les solides planches du bateau.

« Nous étions dans une petite baie dans le sud du Groenland, en train de nous approvisionner en eau potable. La rivière était assez loin, et j'avais emmené presque tous mes hommes pour ne pas avoir à faire le trajet trop de fois. Quand nous sommes revenus, les pirates avaient déjà pris le bateau. Ils avaient tué l'homme de garde, après avoir caché leur propre bateau derrière un iceberg. Nous sommes tombés dans le piège les yeux fermés, et ils ont eu le dessus pratiquement sans bagarre. »

« Mais pourquoi sont-ils montés jusqu'ici ? » demanda Leiv.

« Parce que le capitaine est un homme avide. Il avait entendu dire que les Inuit du Nord avaient de grandes quantités de peaux, et il voulait s'en emparer. Le voyage a duré tout l'automne, et partout où nous avons rencontré des Inuit, il les a tués pour leur voler leurs peaux. Mes hommes et moi avons été obligés de les suivre. »

« Pourquoi vous n'avez pas été tués ? »

« Parce que Sigurd et Helge sont forts et jeunes et pourront rapporter beaucoup d'argent quand les pirates les vendront aux marchands d'esclaves dans le sud. Pour ma part, ils attendent que mes proches en Islande paient une rançon importante pour me libérer. »

« Que penses-tu qu'ils vont faire d'Apuluk et moi ? »

« Toi, tu seras sûrement épargné, estima Thorstein, parce que tu as de la famille en Islande qui pourra payer pour ta libération. Mais ils vont tuer Apuluk parce qu'ils ne pourront pas le vendre. »

Leiv hocha la tête. C'était bien ce qu'il avait craint. Il regarda douloureusement son frère adoptif qui était en train d'essayer de sortir son pied de la chaîne.

Puis, il entendit une voix rude qui hurlait quelque chose depuis le pont, dans une langue qu'il ne comprenait pas.

« Qui c'est ? » chuchota-t-il à Thorstein.

Thorstein leva la tête et répondit à l'homme qui rit, satisfait, de la réponse.

Leiv leva les yeux et vit un géant avec des cheveux d'un noir de corbeau et une barbe graisseuse qui pendait en longues tresses fines. Il frissonna, car il n'avait jamais rien vu de si fruste et repoussant que cet homme.

« C'est le capitaine, dit Thorstein. Je lui ai dit que tu étais de bonne famille islandaise, et qu'Apuluk vaudrait de nombreuses peaux pour le groupe à qui il appartient. »

« Qu'a-t-il répondu ? »

« Que tu seras son esclave jusqu'au paiement de la rançon. »

« Et Apuluk ? »

Thorstein baissa la tête avec tristesse.

« Il a dit que le *skrælling* serait jeté par-dessus bord dès qu'il aurait aidé à dégager le bateau des glaces. »

Leiv noua les bras autour de ses genoux, comme s'il avait froid. Doucement il dit à Thorstein :

« Narua et Sølvi sont avec nous. Nous les avons laissées dans une grotte à quelques heures seulement d'ici. »

« Sølvi ? demanda Thorstein, surpris. Que fait Sølvi chez vous ? Pourquoi n'est-elle pas à Stockanæs auprès d'Helga et Frida ? »

Leiv fixa la chaîne, embarrassé.

« Parce que Stockanæs a brûlé, dit-il doucement. Helga et tous les autres à la ferme ont été tués.

Seul Frida et Sølvi ont survécu. » Et Leiv raconta en détail ce qui s'était passé depuis que Thorstein était parti pour Gardar dans le sud.

Thorstein l'écouta jusqu'au bout, sans l'interrompre une seule fois, les lèvres serrées et la tête rejetée en arrière contre les planches brutes du flanc du bateau.

Quand Leiv eut terminé son récit et regarda à nouveau Thorstein, il vit des larmes qui coulaient le long de sa barbe sur ses joues amaigries. Presque en chuchotant, Thorstein dit : « Tu m'apportes beaucoup de douleur avec ton récit, Leiv. Savoir qu'Helga est morte. »

« Mais Frida vit », le consola Leiv.

« Oui, elle vit. » Thorstein agrippa la chaîne et la secoua. « Mais je doute d'arriver jamais à me libérer de ça. »

« Narua et Sølvi vont nous aider, dit Leiv, confiant. Elles ne sont pas assez bêtes pour tomber dans le piège comme nous. »

Thorstein posa un bras sur l'épaule de Leiv. « Il faut avoir confiance en Dieu, dit-il, et le supplier de nous sortir de ce malheur. »

Leiv ne répondit pas. Il pensa simplement que dans ce cas précis, il serait sûrement tout aussi prudent de faire confiance aux deux filles laissées dans la grotte.

Narua prend certaines décisions

... où Narua et Sølvi s'inquiètent à juste titre, et où Narua fait preuve une fois de plus de son caractère bien trempé...

Deux jours s'étaient maintenant écoulés sans que les garçons ne reviennent à la grotte. Narua et Sølvi pensaient qu'ils suivaient les traces d'un gros gibier et qu'ils étaient si occupés par leur chasse qu'ils en oubliaient le temps.

Narua raconta à Sølvi que son grand-père maternel avait une fois suivi un ours pendant plusieurs semaines, pour enfin être obligé d'abandonner sa chasse, parce que l'ours avait fini par plonger dans la mer et partir avec les glaces dérivantes.

Le troisième jour, Sølvi eut le pressentiment que quelque chose n'allait pas. Elle ne comprenait pas qu'Apuluk puisse se laisser accaparer par la chasse au point d'en oublier tout le reste. Il savait que les chiens n'avaient rien eu à manger depuis plusieurs jours, et que le temps pressait s'ils voulaient atteindre le détroit. Peut-être leur était-il arrivé un accident ? Elle proposa à Narua de suivre les traces des garçons pour voir dans quelle direction ils étaient partis. Narua fut d'accord, et elles se mirent en marche sur-le-champ.

Il leur fut facile de suivre les traces dans la neige… elles les menèrent droit à travers une crique, d'où elles remontaient dans une vallée qui aboutissait au pied d'une montagne battue par les vents.

Narua découvrit très vite les traces de rennes, et constata aussi que la végétation au sommet de la basse montagne était entièrement rongée.

Et il arriva aux filles exactement la même chose qu'aux garçons quelques jours auparavant. Sølvi saisit tout à coup Narua par le bras et lui montra l'ouest.

« Regarde ! » chuchota-t-elle, tout excitée.

Narua regarda et vit le bateau noir dont le mât pointait en l'air comme un doigt menaçant. Elle eut tout de suite le sentiment que ce bateau était néfaste, exactement comme Grimur et Rane l'avaient été.

« Il y a des gens », chuchota Sølvi, tendue. Les filles se couchèrent et essayèrent de se rendre invisibles. Elles virent un groupe d'hommes enjamber le bastingage et descendre sur la glace. Cinq d'entre eux étaient liés par une lourde chaîne.

« C'est un bateau d'esclaves, s'exclama Sølvi, effrayée. Ma mère était enchaînée de la même manière, avec un fer autour de la jambe. »

Les hommes marchèrent jusqu'à un iceberg tout proche où ils entreprirent de découper des morceaux de glace. Avec stupeur, les filles reconnurent Leiv et Apuluk à leurs pantalons en peaux d'ours.

« Ils se sont fait prendre, gémit Sølvi, et maintenant ils vont être emmenés en Angleterre et vendus comme esclaves. »

Narua ne broncha pas, mais fixa le bateau figé dans la glace.

« On va les libérer, murmura-t-elle, les dents serrées. Viens, Sølvi. Nous savons où ils sont, et nous savons aussi qu'ils ne vont pas partir tant que le bateau restera coincé. On va retourner à la grotte et trouver une solution. »

« Pourvu qu'ils ne découvrent pas la grotte », dit Sølvi pendant qu'elles marchaient dans la large vallée.

« Ils ne la découvriront pas. Ils ne peuvent voir ni la grotte ni les chiens. Par contre, il faut museler les chiens. Ce n'est pas le moment qu'ils se mettent à aboyer », dit Narua. Elle jeta un regard furieux derrière elle. « Ce sont des hommes cruels. Le plus difficile sera d'enlever les fers aux garçons, parce que je crois que le fer est très solide. »

Sølvi répondit : « Je crois me souvenir comment la chaîne est attachée. Elle passe par les anneaux de tous les prisonniers et se termine dans un gros boulon fixé au mât. »

Les filles avançaient à toute vitesse. Sølvi pensait à Leiv et Apuluk qui étaient maintenant les esclaves des pirates, et la rage grandissait en elle.

« Il faudrait les tuer tous ! » dit-elle, furieuse.

Narua hocha la tête. Elle marchait si vite que Sølvi avait du mal à la suivre.

« Ils le seront », dit-elle avec une voix quasi méconnaissable.

Sølvi la regarda, et comprit que la fureur de Narua était aussi grande que la sienne.

« Mais comment faire ? »

Narua s'arrêta net. Ses yeux étaient noirs de colère quand elle dit :

« Il n'est pas impossible qu'on ait déjà pris quelques résolutions », dit-elle avec une violence mal contenue.

Le passage à l'action

...où Narua et Sølvi mènent rondement leur affaire...

Infiniment lentement, Narua et Sølvi rampèrent vers le bateau pirate. À plat ventre sous une peau d'ours, elles avançaient, par reptation des coudes et des genoux, en essayant de se faire le moins visibles possible. Narua murmurait sans arrêt tout un tas de mots incompréhensibles. Elle avait expliqué à Sølvi que c'étaient des formules magiques censées faire en sorte que des esprits leur viennent en aide.

Bien que ce soit la pleine nuit, tout était lumineux. Une lumière plate, presque inanimée, sans aucune ombre, et qui donnait l'impression que tout sur la glace se confondait.

Il leur fallut plusieurs heures pour traverser la baie sous leur peau d'ours. De temps à autre, elles faisaient une pause, attentives, sur le qui-vive. Si elles n'entendaient rien de suspect, elles continuaient, mais si elles entendaient le moindre craquement à bord du bateau ou sur la glace, elles se figeaient.

Sølvi poussait devant elle un petit récipient avec de l'huile en feu, et Narua tirait un gros sac avec de l'huile de baleine, du suif et sa lourde lampe en stéatite.

À quelques mètres seulement du bateau, elles s'immobilisèrent.

Sølvi expliqua en chuchotant à Narua comment, selon elle, le bateau se présentait à l'intérieur.

« Là-bas, sous la petite plateforme, dorment le capitaine et l'équipage », chuchota-t-elle. Elle montra du doigt par-dessous la peau d'ours. « Au milieu du bateau, il y a une sorte de creux. C'est la fosse pour les marchandises et c'est là que se trouvent les esclaves. Ils sont enchaînés, mais je vais m'occuper de leur chaîne. » Elle se tut et montra le bastingage. Narua leva les yeux et distingua un homme qui s'était redressé sur le pont et s'étirait en bâillant. Il alla jusqu'à la fosse, y jeta un coup d'œil rapide. Puis, il bâilla à nouveau, longuement et profondément, et se réinstalla sur le bastingage, le dos appuyé contre l'épais hauban qui retenait le mât.

« Comment venir à bout de lui ? » chuchota Sølvi.

Narua sourit et sortit la lampe en stéatite.

« Quand j'étais petite, j'étais encore plus douée qu'Apuluk et les autres garçons au lancer. »

Le garde avait l'air de s'être rendormi, son corps affalé seulement retenu par la corde. Ses mains tenaient mollement une grosse hache.

« Reste ici », chuchota Narua. Elles étaient si près du bateau que le profil de l'homme se dessinait maintenant nettement devant elles.

Sans un bruit, Narua se glissa hors de la peau, et rampa sur la glace. Dans ses habits en peaux de phoque, elle ressemblait à s'y méprendre à un jeune phoque marbré en train de progresser vers son trou de respiration.

Quand elle fut à environ un mètre du bastingage, elle se leva brusquement et lança la lourde lampe de toutes ses forces. La lampe siffla à travers l'espace et frappa l'homme de garde sur la tempe avec un bruit sourd. Il s'écroula dans un soupir, mais resta par chance accroché dans les galhaubans tendus. La lampe retomba sur la glace avec un claquement sec.

Narua se jeta contre le flanc du bateau, sous le bastingage, et s'immobilisa. Mais personne à bord ne réagit au bruit de la lampe.

Quand elle fut sûre que tout le monde dormait, elle ramassa sa lampe et fit signe à Sølvi qu'elle pouvait venir jusqu'au bateau.

Sans un mot, les deux filles s'entraidèrent pour se hisser à bord.

Tout se révéla exactement comme l'avait dit Sølvi. Dans la fosse dormaient les prisonniers, seulement recouverts de quelques vieilles peaux. Les filles entendaient la chaîne cliqueter chaque fois que l'un d'entre eux bougeait.

Narua se glissa vers l'avant avec son brasero. Elle vit que les hommes dormaient sous une sorte d'auvent. Elle ramassa rapidement tout ce qu'elle put trouver d'inflammable, un morceau de grossière étoffe, un bout de corde, de la toile, et un tonneau plein d'un liquide noir et poisseux qu'elle répandit sur le pont. Elle fit cela pratiquement sans un bruit, et il ne lui fallut s'arrêter qu'une fois, un des pirates s'agitant dans son sommeil. Elle attendit qu'il se calme et continua.

Quand elle eut disposé tout ce qui pouvait brûler devant l'entrée de l'auvent, elle détrempa le tout d'huile de baleine et de couenne écrasée bien suintante, puis alluma le feu à plusieurs endroits.

Lentement le feu se répandit. Il mordit l'huile de baleine avec de petites flammes sautillantes. Le cœur battant, Narua regardait les flammes jaunes grandir, de minute en minute. Sølvi aussi était très occupée. Son premier geste fut de s'emparer de la hache entre les mains de l'homme de garde. Il murmura quelque chose d'incompréhensible au moment où elle lui ouvrit les doigts, et un court instant, il entrouvrit les yeux et la regarda, le regard vague. Par précaution, elle lui redonna un petit coup avec le côté plat de la hache, suite à quoi il se rendormit sans demander son reste.

Puis elle sauta dans la fosse. Apuluk se réveilla au petit bruit sourd de son atterrissage. Il comprit la situation instantanément. Il se redressa à moitié et pointa du doigt derrière lui. Sølvi hocha la tête et lui sourit. Elle suivit la longue chaîne jusqu'au boulon qui l'assujettissait au mât. Infiniment prudemment elle tapa sur la clavette en fer et réussit à désolidariser la chaîne.

Pendant ce temps-là, Apuluk avait réveillé les autres prisonniers, et ils entreprirent de tirer précautionneusement la chaîne pour la sortir des anneaux qui entouraient leurs chevilles.

Dès que Leiv et Apuluk furent libérés, ils bondirent vers l'arrière où ils savaient leurs armes cachées. Ils venaient de mettre la main sur leurs arcs et leurs flèches quand l'enfer éclata à l'avant du bateau.

L'incendie venait de se déclarer brutalement. Pas tant du fait de l'huile de baleine que du tonneau de goudron que Narua avait répandu sur le pont sans savoir à quel point cette matière était inflammable. Le goudron s'échauffait et s'enflammait brutalement en projetant de longues flammes jaune et rouge vers le ciel. La structure du bateau, du bois bien sec, s'enflamma rapidement, et bientôt le feu forma un véritable rideau entre l'avant du bateau et la fosse.

Des hurlements effrayants provenaient de l'abri où dormaient les hommes. Et Sølvi, qui se trouvait à l'arrière du bateau avec Apuluk, près de la grosse rame de gouvernail, lui souffla :

« Ce sont des Anglais, ils parlent la langue de ma mère. »

Apuluk hocha la tête. Il banda son arc et visa le feu avec la flèche.

« Ce sont des êtres néfastes, dit-il, laconique. Ils doivent mourir. »

Le tumulte derrière le rideau de feu était terrible. Avec des cris stridents, deux pirates se jetèrent à travers les flammes et atterrirent sur le pont. L'un fut instantanément stoppé par la flèche qui s'enfonça dans sa poitrine. Mais l'autre réussit à échapper à l'enfer des flammes. Son épée brandie, il se jeta avec un hurlement sur Narua qui était debout devant la fosse. Leiv décocha une flèche et toucha l'homme à l'épaule. Mais la flèche ne l'arrêta pas. Dans un nouveau beuglement, il brandit son épée et allait l'abattre sur Narua quand la lourde lampe en stéatite traversa les airs une nouvelle fois. Elle l'atteignit en plein front avec une force inouïe, et le beuglement se transforma en un râle étouffé. L'homme s'affaissa, tomba en avant et disparut dans la fosse.

Un autre pirate se lança dans les flammes dans un sursaut. Il arriva à une telle vitesse qu'il continua droit dans la fosse, où il heurta Thorstein qui était sur le point de remonter. Thorstein attrapa l'homme par le bras, mais avant d'avoir réussi à lui arracher son épée, il en reçut un coup dans la poitrine. Thorstein, d'un effrayant revers de la chaîne, parvint à tuer le pirate.

Ils entendaient les hommes de l'autre côté des flammes tousser et hurler. Ils étaient en train d'étouffer dans la fumée noire et toxique qui enveloppait le pont. Puis, tous les hommes traversèrent d'un seul coup, ensemble, le mur de flammes.

Ils avaient un air terrifiant. Les visages noircis par la suie et la fumée, les yeux injectés de sang. Ils étaient dangereux, parce qu'ils n'avaient plus rien à perdre.

Sølvi se raidit quand elle les vit. Elle poussa un cri de terreur et agrippa Apuluk par la manche.

« Celui-là ! Le grand barbu ! C'est lui qui nous a enlevées ! »

Apuluk regarda l'immense capitaine. Il regarda son visage noir, ses yeux rouges et mauvais, son corps volumineux, ses gros bras nus, sa large poitrine. Il regarda les nombreuses tresses graisseuses de la barbe qui partaient dans tous les sens quand le géant traversa les flammes, entouré de flammèches.

L'espace d'un instant, le capitaine lorgna autour de lui. Puis il s'élança vers l'arrière du bateau, en faisant des moulinets avec son épée par-dessus sa tête, dans de longs bonds qui faisaient penser à ceux d'un chat. Il proférait sans cesse des jurons et des malédictions contre ses assaillants.

Apuluk tendit son arc à le rompre, et décocha sa flèche droit à travers le poignet de l'homme en plein mouvement, qui laissa choir son épée sur le pont, dans un fracas métallique.

Mais cela n'arrêta pas le géant. La flèche en travers du poignet, il se rua vers le gouvernail où se tenait Apuluk.

Apuluk resta où il était. Il avait sorti le couteau que lui avait offert Thorstein, et quand le pirate l'attaqua, il n'essaya pas d'esquiver. Sølvi eut au contraire l'impression qu'il avançait de lui-même dans les bras du géant.

La main armée du couteau glissa sous le bras du pirate, et quand le géant essaya de briser tous les os du corps d'Apuluk de ses seuls muscles, Apuluk enfonça le couteau dans son flanc, au niveau du cœur.

Le géant se figea, saisi par la stupeur. Puis, la folie quitta ses yeux. Il essaya de dire quelque chose, mais ne réussit qu'à émettre quelques gargouillis du fond de la gorge. Ses mains lâchèrent lentement Apuluk, il tituba en arrière, sans cesser de fixer son meurtrier, incrédule. Puis il tomba à quatre pattes, émit quelques toussotements, puis se renversa sur le côté, raide mort.

Apuluk regarda le couteau qu'il avait toujours à la main. Il repensa à ce qu'avait dit le vieux Shili pendant son invocation des esprits.

Les autres pirates avaient essayé de se replier à l'arrière du bateau, mais Leiv les tenait en échec, à l'aide de l'épée que Thorstein lui avait jetée de la fosse. Les pirates étaient trois, et menaçaient sérieusement Leiv. L'un d'eux essaya de passer derrière lui, mais avant d'avoir réussi à faire le tour du mât, il s'écroula avec un cri de surprise, touché par la lampe de Narua. Les deux autres pirates se retournèrent, et l'un d'eux frappa en direction de Narua. Elle bondit en arrière, à l'abri du mât, et se saisit d'un pieu. Avant que le pirate n'ait eu le temps de lever son épée, elle avait lancé le pieu comme un Inuk jette son harpon. La lourde pointe en fer s'enfonça dans la poitrine de l'homme.

Dans un hurlement de terreur, le dernier des pirates sauta par-dessus bord. Il chuta sur la glace, mais se remit vite debout et prit la fuite en courant.

Apuluk rangea le couteau dans son kamik et saisit son arc. Il posa une flèche sur la corde et allait l'envoyer quand il sentit une main sur son épaule.

« Laisse-le partir, Apuluk. »

C'était Thorstein, qui était remonté de la fosse. Il saignait un peu du coup qu'il avait reçu à la poitrine.

« Là-bas, il aura peut-être une punition bien plus sévère que si on le tuait tout de suite », dit-il.

Apuluk abaissa son arc. Il regarda d'un air grave le fermier de Stockanæs. Il avait compris que Thorstein voulait épargner la vie de cet homme. Apuluk se tourna vers Sølvi.

« Dis à Thorstein qu'à sa demande, j'épargne la vie de cet homme cruel. Mais je lui demande en échange la vie d'un autre être humain. »

Sølvi traduisit, et quand Apuluk vit Thorstein hocher la tête, il continua :

« Je te demande Sølvi. Elle est ton esclave. »

Sølvi traduisit et Thorstein répondit :

« Je te donne Sølvi si tu la veux. »

« Je ne veux pas la posséder. Mais je souhaite que tu lui rendes sa liberté. »

Thorstein regarda Sølvi qui avait traduit ce que venait de dire Apuluk. Il posa une de ses mains ensanglantées sur l'épaule de Sølvi.

« Tu es libre, Sølvi, et tu règnes désormais toi-même sur ta vie. Si je pouvais t'offrir encore mieux que la liberté, je le ferais volontiers. »

Sølvi s'illumina.

« Que pourrais-je rêver de mieux ? » répondit-elle, et elle prit la main d'Apuluk, pleine de gratitude.

Thorstein comprit qu'elle aussi était une Norroise qui était en train de devenir un Être Humain.

La proue du bateau n'était plus maintenant qu'un intense brasier. Le feu progressait vers la fosse et sa cargaison. Les flammes léchaient le pont arrière.

« Où sont Sigurd et Helge ? » demanda Leiv. Dans le feu de l'action, ils avaient oublié les deux valets.

Thorstein regarda dans la fosse. Au fond, les deux hommes se débattaient avec leur chaîne pour s'en débarrasser avant que le feu ne les atteigne. Quand Leiv et Apuluk s'étaient libérés, ils avaient bondi hors de la fosse sans se soucier de leurs compagnons d'infortune. Et quand Thorstein avait frappé le pirate avec la chaîne, elle s'était accrochée à un gros clou en fer hors de portée de Sigurd et Helge. Aucun des valets n'avait voulu appeler à l'aide tant que la lutte faisait rage sur le pont.

Leiv descendit dans la fosse et décrocha la chaîne. Bientôt, les deux valets émergèrent aux côtés des autres. Seuls deux des pirates étaient encore en vie. Le garde, et l'autre homme que Narua avait assommé avec sa lampe. On les ranima avec quelques poignées de neige froide, et on les laissa filer dans les traces de celui qui avait fui le bateau.

La petite troupe quitta elle aussi le bateau en feu et traversa lentement la petite crique, en direction de la basse montagne battue par les vents.

Une fois en haut, avant de redescendre, ils se retournèrent une dernière fois pour contempler le bateau pirate en flammes.

« Ce bateau-là ne transportera plus jamais d'esclaves », dit Sølvi.

Thorstein secoua la tête. « Maintenant, je sais d'expérience ce que c'est qu'être esclave, dit-il. À la ferme de Stockanæs, celle que je vais reconstruire, il n'y aura pas d'esclaves. »

Des enlèvements

... où décidément, au cas où cela aurait pu passer inaperçu, on est obligé de constater que Narua sait ce qu'elle veut...

Le voyage de retour vers le groupe de Shili se fit par la banquise, à une certaine distance de la terre ferme. La glace le long des côtes avait commencé à fondre, et aux endroits où passaient les courants s'étaient créées de grandes brèches dans la glace où les oiseaux de mer se rassemblaient.

Leiv avait totalement renoncé à son voyage vers les lointains pays de l'ouest. Un peu comme s'il avait eu sa dose d'aventures pour cet été-là.

La blessure de Thorstein cicatrisa rapidement. Il put bientôt courir derrière les traîneaux comme les autres quand la neige était lourde.

L'air s'était vraiment réchauffé, et ils dormaient à la belle étoile, avec pour seule litière les couvertures des traîneaux. Thorstein et ses hommes étaient enthousiasmés par ce genre de voyage qu'ils n'avaient jamais pratiqué auparavant. Leur admiration devant l'adresse d'Apuluk et de Leiv à conduire leur traîneau et à chasser le phoque sur la glace était sans bornes.

Ils arrivèrent à l'habitat juste avant que la glace des fjords ne se brise. La joie des retrouvailles fut grande, surtout entre Frida et son père.

Thorstein l'aperçut quand, avec les enfants inuit, elle accourait sur la glace au-devant des traîneaux. Dès que Frida fut assez près pour identifier les voyageurs, elle s'exclama à tue-tête :

« *Atata, atata !* » Thorstein se rua vers elle. Il l'attrapa et la souleva haut au-dessus de sa tête. Puis, il la serra contre lui, et elle posa ses joues chaudes contre sa barbe.

« Elle parle ! cria-t-il à Leiv et Sølvi. Vous avez entendu ? Elle parle ! »

Sølvi cria en retour : « Elle a dit “papa, papa” ! » Elle courut jusqu'à Thorstein.

« Tu sais vraiment parler maintenant, Frida ? » demanda-t-elle dans la langue des Inuit.

Frida hocha la tête. « Shili m'a appris. Il s'est envolé jusqu'à la lune pour aller chercher ma voix. C'est ce qu'il m'a dit. »

« Qu'est-ce qu'elle dit ? » demanda Thorstein.

« Elle dit que le chaman du groupe est allé chercher sa voix auprès de l'homme de la lune », traduisit Sølvi, et elle rajouta de sa propre initiative : « Et que maintenant il faut que tu lui apprennes la langue des Norrois. »

Comme la tradition le veut, on fit bien sûr ce soir-là une grande fête. Tout le monde fut invité sous la tente du vieux Shili, parce qu'il tenait absolument ce soir-là à être l'hôte. Comme on savait que le vieil homme n'était plus très chanceux à la chasse, on lui apporta de la viande et du maktak pour la fête en guise de petits cadeaux.

On mangea beaucoup, on dansa, on rit et on parla, puis on mangea à nouveau.

Au beau milieu de la fête, Apuluk se leva. Il saisit son tambour et se mit à chanter.

« Il en est ainsi qu'on élève la voix, sans modestie, au-dessus des rires des invités. Mais la fête excite encore plus que la viande, et rend un petit peu fou. Il en est ainsi que ce qu'on se souhaite devient trop grand pour habiter un seul homme. C'est ainsi, *iiiha*, *iiihja*, et c'est pourquoi on se gave de pensées tout à fait impossibles. »

Il se posta devant Sølvi et resta longtemps à osciller d'un côté à l'autre au rythme du tambour. Puis, il reprit son chant.

« Il en est ainsi qu'on souhaite voyager, pour un temps, oui, pour un temps. Peut-être prendra-t-on de la terre là où cela ne dérangera personne. Peut-être souhaite-t-on prendre cette terre avec d'autres, vivre avec d'autres, avec les siens, qui sont comme le sang qui coule dans les veines. »

Il jeta soudain le tambour, souleva Sølvi et la porta, sous les protestations de tout le monde, hors de la tente. Leiv et plusieurs des autres jeunes hommes essayèrent de le retenir, mais Apuluk ne lâcha pas son butin, distribuant des coups à droite et à gauche. Une fois dehors, il jeta Sølvi sur son traîneau qui était déjà chargé et attelé, il réveilla les chiens et partit comme une flèche sur la glace fragile.

Thorstein avait assisté à l'enlèvement, passablement étonné. Il ne savait pas au juste s'il fallait intervenir au secours de Sølvi, mais il n'en fit rien, parce qu'il avait remarqué que, pendant tout le voyage de retour, elle était restée près du jeune chasseur.

« Qu'est-ce qui lui a pris ? » demanda-t-il à Leiv quand celui-ci revint vers lui, le nez en sang.

Leiv rigola. « Je crois qu'il s'est pris une femme. C'est comme ça qu'on se marie ici, Thorstein. »

Narua était assise entre le vieux Shili et son père. Elle regarda Leiv et dit :

« Mon frère ne reviendra peut-être plus jamais. Ou tout au plus faire un voyage de visite dans quelques années, mais il ne reviendra jamais vivre ici. »

« Quoi ? » Leiv arracha le lambeau de peau de lièvre qu'il avait enfoncé dans sa narine pour stopper le saignement.

Narua fixa les grandes pierres plates du sol et reprit les mots d'Apuluk :

« Peut-être souhaite-t-on prendre de la terre avec d'autres, vivre avec d'autres, avec les siens, qui sont comme le sang qui coule dans les veines. »

Leiv la regarda, ébahi.

« Tu veux dire que… ? »

Narua hocha la tête et regarda timidement vers l'ouverture de la tente.

Dans un hurlement, Leiv bondit. Il agrippa les longs cheveux de Narua et la traîna dehors malgré ses protestations virulentes et ses cris stridents.

Certains des jeunes essayèrent de lui barrer le chemin, mais ils furent vite balayés, renversés. Le vieux Shili pouffait de plaisir. Il se frappait les cuisses, hochant la tête et souriant à Thorstein.

« Ah, quel bonheur, dit-il, quel immense bonheur ! Deux enlèvements au cours de ma fête ! »

Devant la tente, Leiv s'arrêta, perplexe. Narua chuchota :

« Ton traîneau est derrière la tente de mon père. Je l'ai attelé et chargé avec tout ce qu'il nous faut. »

Soulagé, Leiv la reprit par les cheveux. « Je fais comme il faut ? » chuchota-t-il.

« Il faut que tu aies l'air un peu plus farouche, à part ça c'est parfait », répondit Narua avant de recommencer à gémir et à se plaindre de façon ostentatoire.

À longs pas résolus, Leiv traîna sa victime ô combien consentante jusqu'à son traîneau. Il la balança sur le chargement et réveilla les chiens à coups de fouet.

À toute vitesse, le traîneau zigzagua entre les congères de la plage et atteignit le fjord.

Leiv mit cap vers le nord. Il aperçut un point noir, au loin sur la glace. Il savait que c'étaient Apuluk et Sølvi qui étaient en train de les attendre.

Table des matières

Livre 1 – Le naufrage

Livre 2 – Leiv, Narua et Apuluk

Livre 3 – … et Sølvi

#lisez! engagé

Pour plus d'information :

www.lisez.com

Imprimé sur du papier issu de forêts gérées durablement.

10/18 – 92 avenue de France, 75013 PARIS

Imprimé en France par
CPI Bussière

N° d'impression : 2086495
Dépôt légal : octobre 2013
Suite du premier tirage : octobre 2025
X05905/13